제5의 탄생

대한민국 최고의 임원으로

이문태 지음

도서출판 위

프롤로그

대한민국 최고의 임원을 위한 '임원 교과서'
이 책의 진정한 주인공이 되기를

임원이 되기 위한 첫 걸음

'이 책 읽어 보기를 정말 잘 했다'는 말을 독자들로부터 들었으면 좋겠다는 바람으로 책을 썼습니다.

이 책의 내용 대부분은 조금만 관심을 가지면 쉽게 이해할 수 있는 내용입니다. 그만큼 일상적인 이야기이며, 경험을 공유하는 내용입니다. 그렇더라도 차분하게 읽어 가다 보면 어느새 여러분께서는 미소를 짓게 될 것이라고 믿습니다.

이 책은 기업체의 '임원'을 주 대상으로 한 것이며, 그들과 소통하고자 하는 마음을 표현한 것입니다. 또한 경영 일선에서도 사랑을 표현하고 마음을 주고받는 것이 조직의 안찬 성장을 이룰 수 있다는 것을 공유하고자 하였습니다.

그렇다고 임원들만 읽어야 하는 책은 아닙니다. 임원을 꿈꾸는 직원도 독자가 될 수 있으며, 작은 조직이라도 조직에 속해 있는 구성원이라면 누구나 이 책의 독자가 될 수 있습니다.

새로운 탄생–제5의 탄생

우리는 사춘기 때 '제2의 탄생'을 경험했습니다. 그리고 대학에 입학하고 성인이 되면서 '제3의 탄생'을 경험했고, 사회인으로 직장 생활을 시작하면서 '제4의 탄생'을 경험했습니다. 교과서에서 가르쳐 주지는 않았지만 스스로 그러한 탄생들을 경험한 것입니다.

저는 여기에 새롭게 '제5의 탄생'을 이야기하고자 합니다. 바로 직장 생활의 별이라고 할 수 있는, 임원의 자리에 오르는 경험을 '제5의 탄생'으로 정의한 것입니다.

임원이 된다는 것은 새롭게 태어나는 것이라고 표현할 만큼 큰 변화의 과정입니다. 그 변화의 과정은 스스로 방향을 잡아 나가야 하는 과정이기 때문에 사명감과 무거운 책임감이 뒤따르게 마련입니다. 이 중요한 과정에서 당찬 각오와 남다른 열정 없이 임원이 된다는 것은 허용될 수 없는 일입니다. 그것은 이미 임원의 자리에 오른 사람도 마찬가지입니다.

임원선행학습·임원연습

임원의 그 자리는 중요한 자리일 뿐만 아니라 대단한 자리입니다. 그렇기 때문에 임원은 아무나 할 수 있는 것이 아닙니다. 임원이 어떤 사람이어야 하는지 먼저 파악해야 할 것이며 그에 따른 가치관도 지녀야 할 것입니다. 이러한 내용들을 책의 1장에 서술했습니다.

그렇다면 임원은 특별한 사람만이 할 수 있는 것인가라는 문제가 제기될 수 있습니다. 그렇지 않습니다. 임원의 기회는 누구에게나 주어지는 것입니다. 그러나 분명한 것은 가벼운 마음으로 쉽게 할 수 있는 것은 아니라는 것입니다. 그래서 제가 현장에서 경험한 것들을 제시하여 공유하고 그 연습을 돕고자 필요한 지침들을 2장에 실었습니다.

대한민국 최고의 임원으로의 자신감

이러한 연습과 실천의 과정이 뒤따른다면 당연히 '대한민국 최고의 임원'이 될 수 있을 것입니다. 그래서 3장에서는 임원으로서의 실천을 돕는 자신감과 자존감을 키울 수 있는 전제들을 제시했습니다. 누구든지 이러한 노력을 한다면 구성원들과 함께 꿈을 이뤄나가는 훌륭한 임원, 가슴 따뜻한 임원이 될 수 있을 것입니다.

중소기업은 임원이 한 명인 경우도 많습니다. 그러다 보니 어떤 기준으로 행동해야 할지 기준을 정하는 데 어려움이 있습니다. 특히 누가 세밀히 알려 주지도 않습니다. 그래서 사례별로 누군가가 옆에서 조곤조곤 이야기해 주듯이 도움을 드리고 싶었습니다. 따라서 이 책을 중소기업 임원들이 많이 읽었으면 하는 바람이 있습니다.

여기에 나오는 내용들은 트위터twitter에 올렸던 것들이며, 개인적인 경험을 위주로 쓴 것입니다. 따라서 각 회사의 상황이나 그 역할에 따라 내용이 적절하지 않을 수도 있습니다. 하지만 어느 회사에서나 공통적으로 가장 중요하게 새겨야 할 '마음가짐'을 위주로 정리했습니다.

또한 기존의 무겁고 딱딱한 경제·경영 서적이나 자기계발 서적과는 달리 편안하게 읽을 수 있는 책, 그리고 여유로운 시간에 짬짬이 읽을 수 있는 책으로 구성하고자 했습니다.

한편, 이 책을 읽는 분들이 스스로를 되돌아보는 시간을 갖게 되기를 기대합니다. 이 책을 통해 저 또한 되돌아보는 시간을 가질 수 있었습니다. 되돌아보면서 느낀 점은 기업 조직에서도 '사랑'이 조직 전체를 움직이는 가장 큰 힘이 될 수 있다는 것이었습니다. 그 사랑으로 조직 구성원의 가슴을 데우고 그 온기를 전하여 조직의 목표를 달성하고, 조직의 진정한 변화를 함께 만들어 나가기를 바랍니다.

응원과 격려

아무리 깊은 산 속의 난이라도 그만의 향기가 있는 것처럼 결코 쉽지 않은 그 자리에서 모두가 기분 좋아지는 향기를 퍼뜨리는 임원에게 격려를 보내고 더 큰 박수를 보냅니다.

부족한 글이지만 대한민국 임원들과, 그리고 임원이 되고자 하는 이들의 마음에 조금이나마 다가가는 글이 되기를 바라며, 이 책을 읽는 모든 분들이 '제5의 탄생'을 통해 행복한 임원, '대한민국 최고의 임원'이 되기를 바랍니다.

　끝으로 임원의 역할에 대해 고민하게 해준 한국금융IT 임직원, 함께 풍성한 삶을 가꾸고 있는 사랑하는 아내, 리더의 심장을 알려 주시고 늘 믿어 주시는 김현섭 사장님께 사랑과 정성을 담아 이 책을 드립니다.

　　　　　풍년의 풍성함을 기대하며 여의도 사무실에서

　　　　　　　　　　　이문태

CONTENTS 목차

대한민국
최고의 임원이 되기 위해
출발선에 서다

Part 1

임원,
누구나 할 수 있다

1강

—

사랑한다는 **말**

사랑할 줄 아는 임원은 그 누구보다 훌륭한 임원이다. 사랑으로 해결되지 않는 일은 없기 때문이다. 직원과 고객을 진정으로 사랑해 보라. 분명 그들 모두가 당신을 향해 마음을 활짝 열 것이다.

서점에 가 보면 하루가 멀다 하고 경영관련 서적들이 쏟아져 나온다. 그런데 그 책들 중에서 '사랑'이라는 말이 들어간 책은 찾기가 만만치 않다. 그것은 '경영'과 '사랑'이라는 두 단어가 서로 어울리지 않아 보이기 때문이다.

그런데 나는 이 책의 첫머리에서부터 '사랑'이라는 말을 언급했다. 인간의 삶과 '사랑'은 뗄 수 없는 관계라고 생각하기 때문이다. 회사라는 조직에서도 '사랑'을 실천하면 그 '사랑'이 지니고 있는 힘으로 눈덩이처럼 큰 변화를 만들어낼 수 있기 때문이다. '사랑'의 힘은 눈에 보이지 않지만, 그 결과만큼은 늘 상상을 초월하여 나타난다. 그것이 사랑의 힘이다.

흔히 사람들은 '자신을 사랑하지 않는 사람은 남도 사랑할 수 없다'라고 말한다. 이처럼 사랑은 자기 자신을 사랑하는 것에서부터 시작된다. 그런데 조직의 리더들은 막중한 책임감과 함께, 성공이라는 강박관념에 시달리며, 조직의 목표만을 위해 에너지를 쏟다 보니 스스로를 돌보는 것은 잊고 사는 경우가 많다. 그러다보니 자신을 사랑한다는 것은 책에서나 볼 수 있는 먼 이야기가 될 수밖에 없는 경우가 많다.

한편 사회적으로 성공한 사람들의 인터뷰에서 '앞만 보고 달려왔다'라는 말을 자주 듣게 된다. 하지만 두루두루 살펴볼 줄 아는 것도 리더로서 중요한 역할이다. 그렇게 두루 살피다 보면 어느새 내 자신도 돌보게 된다. 방치하고 모른 척했던 마음을 어루만지기도 하고, 앞만 보고 달리느라 거칠어진 내 감정도 보듬을 수 있을 것이다. 그렇게 자신을 사랑할 수 있게 되는 것이다. 자신을 사랑하게 되면 분명 주변을 살피는 여유가 생긴다. 그 옆에는 나의 도움이 필요한 사람도 있을 것이고, 용기를 북돋워주어야 할 사람도 있을 것이다. 이렇게 주변에 내가 사랑해야 할 대상이 많다는 것을 스스로 깨닫게 된다.

이제부터라도 먼저 직원들에게 '사랑한다'는 말부터 해보자. 물론 처음에는 어색하고 어려울 것이다. 그렇더라도 한 번 말해 보라. 자꾸 말하다 보면 나중에는 자연스럽게 말할 수 있을 것이다. 머지않아 그로부터 어떠한 희망의 변화가 일어나는 것을 경험하게 될 것이다.

고객 또한 사랑해야 할 대상이다. 말로만 사랑을 외치지 말고 진정으로 고객을 위하는 마음으로 사랑해 보자. 직원이든 고객이든 당신이 먼저 진정성을 보이면 그 사랑은 분명 기대 이상의 결실로 돌아온다.

우리는 사랑의 추억들을 가슴에 품고 살아간다. 그 사랑의 추억이 영원히 사라지지 않고 오래남아 마음을 울리고 움직이는 것은 그 사랑에 우리의 진심이 담겨 있기 때문이다. 이처럼 진심으로 사람을 대하면 꿈쩍도 하지 않을 것 같은 까다로운 고객의 마음도 움직이게 할 수 있다.

이와 같이 '사랑'은 임원이 가져야 할 가장 중요한 덕목이다.

사랑을 표현하는 데는 '마음'과 '관심'이 필요하다. 마음으로 다가서고 세심한 관심을 표현한다면 모든 사람들이 마음을 열고 당신과 함께할 것이다. 사람들은 작은 마음 씀씀이에도 감동을 받기 때문이다.

당신의 삶을 특별하게 해 줄 그 '사랑'을 시작해 보기 바란다. 주위에서 당신의 사랑이 모락모락 퍼져 나가도록 더 큰 사랑을 전해 줄 것이다.

＊   ＊   ＊   ＊

두려움이 아닌 사랑으로 밀속된 회사가
더 튼튼한 회사다.

허브 켈러허 Herb Kelleher _ 사우스웨스트항공 창업자

＊   ＊   ＊   ＊

—

깊은 산 속의 난蘭이라고
그 향기가 없으랴

작은 기업의 임원이므로 그냥 저냥 해도 된다고 생각하는 경우가 있는데, 이런 생각은 큰 오산이다. 임원은 책임이 따르는 자리이다. 회사 규모와 상관없이 임원으로서의 기준과 가치관은 물론이고 더불어 멀리 퍼지는 향기를 가져야 할 것이다.

수천 명이 넘는 조직의 임원도 임원이고, 오십 명이 채 안 되는 조직의 임원이라도 분명 같은 임원이다. 임원이라는 점에서 차이점은 없다. 똑같은 임원이다. 만약 차이점이 있다면 남이 만든 차이가 아니라 스스로 만든 차이일 것이다. '나는 작은 조직의 임원이니까 이 정도까지만 해도 된다'는 스스로의 생각이 차이를 만드는 것이다.

내가 몸담고 있는 한국금융IT의 신입사원 입문 교육과정 중에는 다음과 같은 과제가 있다. 회사의 시장 환경이나 사업 내용과 관련이 있는 주제를 선정하여 세미나 자료를 만들고 직원들 앞에서 발표하는 과제이다. 이 과제를 수행하기 전에 신입사원에게 직접 물어본다. "우리나라에서 제일 좋은 회사가 어디라고 생각하는가?" 그러면 대부분의 신입사원들은 우리가 익히 알고 있는 대기업들을 말한다. 그러면 바로 그 회사에 입사했다고 생각하고 과제를 수행해 보라고 말한다.

규모 면에서만 본다면 그들이 답한 대기업에 비해 우리 회사는 분명 작은 회사이다. 하지만 비록 규모는 작지만 본인이 선택한 회사이고, 본인이 속해 있는 회사이기 때문에 적당히 하지 마라는 의미에서 그렇게 조건을 붙여 과제를 수행하도록 요구하는 것이다. 물론 이렇게 하더라도 그런 생각을 완전히 갖기는 쉽지 않다는 것을 안다. 그렇지만 나는 중소기업의 신입사원이기 때문에 이 정도까지만 해도 된다는 생각만은 갖지 않기를 바라는 것이다. 신입사원 때부터 더 큰 조직을 생각하면서 매사에 임한다면 오래도록 더 큰 사람으로 성장할 것이다.

신입사원뿐만 아니라 기존 직원에게도 '본인이 지금 유명 증권사에 다닌다고 했을 때도 이렇게 일 처리를 하겠느냐'고 묻는다. 그러면 우물쭈물 다시 잘 해보겠다고 한다. 누가 그렇게 하라고 한 것도 아닌데 중소기업 직원이라는 이유로 이 정도만 하면 된다고 스스로 한정 짓고 있다.

평생직장이라는 말은 사라진 지 오래다. 특히 중소기업은 이직률이 높다. 대기업에서 중소기업으로 이직하는 경우는 종종 볼 수 있지만 중소기업을 다니다가 대기업에 취업하는 경우는 드문 일이다. 왜냐하면 중소기업을 다니면서 자발적으로 회사를 소인국으로 만들고 본인도 소인이 되는 경우가 허다하기 때문이다.

직원들이 이런 마음을 갖지 않도록 하고, 더 큰 마음과 더 큰 고민으로 일할 수 있도록 본보기가 되는 것이 바로 임원의 역할이다. 중소기업 임원이지만 대기업 임원 못지않은 사고와 전략을 가지고 있는 임원을 매일 직원들이 접한다면 직원들 또한 그 임원과 마찬가지로 큰 조직의 한 사람이라는 마음가짐을 가질 것이다.

나는 1인 창조기업을 대상으로 특강을 할 때 이 말을 빠트리지 않고 한다. "1인 창조기업을 운영하는 사장님들 중에는 사무실이 자택인 경우가 많습니다. 안방에서 건넌방으로 넘어가더라도 출근은 출근입니다. 출근 복장을 하고 정해진 시간에 출근하십시오." 지금은 1인으로만 구성된 회사이지만 언제든 100명이 넘는 회사가 될 수 있다. 그것을 1인일 때부터 연습을 하여 습관화하라는 것이다. 100명이 되었을 때 그때부터 하겠다는 마음을 가진다면 그 사람은 100명이 되는 조직을 꿈꾸지 않는 사람이다.

내가 만나 본 임원중에는 작은 회사의 임원이지만 대기업의 임원 못지않게 자부심을 갖고 끊임없이 고민하고 노력하는 임원들이 의외로 많다. 그런 임원은 당장 대기업의 임원이 된다고 하더라도 그 역할에 있어서 뒤지지 않을 것이다.

'Always Stand-by'를 하는 임원은 준비된 모습이 쉽게 보인다. 반면에 작은 조직의 임원임을 표 내고 다니는 임원도 많다. 복장과 대화를 하는 태도만 보더라도 쉽게 느끼게 된다. 몸가짐과 마음가짐을 중소기업 임원, 아니 구멍가게 임원으로 한정해 버리는 경우이다.

임원으로 승진하면서 축하 난蘭을 선물 받아 본 적이 있을 것이다. 그 난들은 대부분 화원에서 재배한 것이지만 원래는 깊은 산 속에서 자라는 자생란이었다. 지금은 산에서 난을 캐는 행위를 금하고 있다. 깊은 산 속의 난을 캐는 행위를 금하는 이유는 그 난이 그만큼의 가치가 있기 때문이다.

아무리 깊은 산 속의 난이라고 하더라도 향기가 있다. 아니 오히려 더 진한 향기를 발산한다. 마찬가지로 작은 조직의 임원이라도 그 임원만이 가지고 있는 향기가 있다. 향기가 없다는 것은 임원이 아닌 것과 마찬가지다. '나는 대한민국 최고의 임원'이라는 자긍심을 가지고 스스로의 위대함을 바라보기 바란다. 멀리 내다보고, 보이는 먼 곳까지 진한 향기가 퍼져나갈 수 있도록 그 자태를 뽐내기 바란다.

3강

—

제 5의 탄생

    사춘기를 제2의 탄생이라고 한다. 그렇다면 대학입학 등 성인이 될 때를 제3의 탄생, 사회에 첫발을 내디딜 때를 제4의 탄생이라고 해도 될 듯하다. 이런 맥락에서 임원이 된다는 것은 '제5의 탄생'이다. 더 큰 사람으로서의 임원이 되기를 원한다면 다시 태어나라.

    사춘기를 '제2의 탄생'이라고 한다. 루소가 정신적인 성장을 이렇게 표현한 것인데, '제2의 탄생'을 경험했던 사람들은 대부분 기억하고 있을 것이다. 정신적인 성장뿐만 아니라 성의식性意識을 처음으로 갖게 되면서 큰 혼란과 함께 변화를 겪었기 때문이다.

    그런데 40대가 되어 삶을 되돌아보면 사춘기보다 오히려 더 큰 변화와 정신적인 성숙을 겪었던 때가 있었다는 것을 느끼게 된다. 그것을 또 다른 탄생으로 표현한다면 '제3의 탄생', 소위 성인이 되는 시기인 스무 살 때라고 말하고 싶다. 대학교에 입학하면서 시골 생활을 뒤로하고 서울에 처음 올라온 나는 엄청난 변화의 소용돌이에서 허우적거렸던 기억이 많다. 그 속에서 얼마나 많은 갈등을 겪었고, 또 그로 인해 얼마나 성장했던가.

그리고 그 시기를 지나 '제4의 탄생', 바로 사회인으로서의 첫 출발인 직장 생활을 하게 된다. 조직 생활을 하고, 월급을 받고, 연애도 하고, 미래를 설계하기도 하는 시기다.

다시 태어난다는 것은 변화를 겪으면서 성장하고 성숙한다는 의미를 내포하고 있다. 이러한 다시 태어남을 통해서 더 어른스러워지는 것이다. 그렇다면 '어른스러워진다'는 것은 어떤 의미인가. 지금의 나의 위치에 적합한 사고와 행동을 하는 것을 의미한다.

이런 맥락에서 임원이 된다는 것도 다시 태어나는 것이라고 말할 수 있다. 바로 제5의 탄생이다. 사춘기나 대학 입학 때, 직장생활에 첫발을 내딛었을 때보다도 더 세게 알을 깨고 다시 태어나는 것이라 할 수 있다. 왜냐하면 여기에는 강한 책임감이 뒤따르기 때문이다. 그리고 그 책임감이 나만을 위한 책임감이 아니라 우리를 위한 책임감이기에 더한 것이다.

임원이 되었는데도 다시 태어나는 정도의 변화 없이 임원 이전의 모습과 마음가짐을 그대로 유지한다면 임원으로서 큰 사람이 될 가능성이 낮다. 다시 태어나지 못하는 사람은 다시 태어나는 데 대한 두려움이 있다. 하지만 크게 생각하고, 크게 행동하고, 크게 되고자 하는 다짐이 있다면 두려움은 사라지게 될 것이다. 어떤 리더든 간에 큰 사람이 되겠다는 다짐이 필요하다.

다시 태어난다는 것은 새롭게 시작한다는 것이다. 과거의 명성이나 부끄러움 등은 다 잊어도 상관이 없다. 단 과거의 경험에서 얻은 교훈만은 간직해야 한다. 그리고 다시 태어난 내가 누구인지를 먼저 파악해야 한다. 나를 제대로 아는 것이 다시 태어나는 첫 출발이다.

임원으로서 다시 태어났다는 가장 큰 증거는 사랑이다. 내가먼저 사랑하는 것이다. 『맹자』「이루장구離婁章句」편에 '애인불

친 반기인愛人不親 反其仁'이라는 말이 있다. '사람을 사랑하되, 그가 나를 사랑하지 않거든 나의 사랑에 부족함이 없는지 돌아보라'는 뜻이다. 아직 직원이나 고객들의 마음을 움직이지 못했다면 스스로를 먼저 돌아보기를 바란다. 그리고 가끔씩 억울하고 서운함이 느껴지더라도 더 다가가서 두 팔을 뻗어 사람들을 감싸 안아보길 바란다.

흔히들 다시 태어나는 것을 이야기할 때 '알에서 깨어나는 것'과 같다고 한다. 달걀을 남이 깨면 달걀프라이가 되고, 스스로 깨면 병아리가 된다는 우스갯말도 있다. 이처럼 임원은 스스로 깨어나야 한다. 그 다음에 끊임없이 배우고 노력해야 한다.

그래서 이를 통해 나만의 색깔을 만들고 전문가로서 지식과 생각을 공유하는 철학자가 되는 것이다.

애초부터 임원이 될 사람이 정해진 것은 아니다. '난 임원 체질이 아니야'라고 하는 사람도 있는데 체질은 개선되지 않는가. 타고난 체질이라는 것은 살아가면서 변하기도 하고 없어지기도 하는 것이다. 체질 개선을 위해 노력하고 회사의 중심이 되어야 한다. 그리고 그 중심으로 많은 사람들을 끌어들이는 역할을 해야 한다.

임원은 자라고 있는 나무가 되어야 한다. 어느 한 지점에 머무르지 않고 계속 자라야 한다는 뜻이다. 한참 자라고 있는 나무가 가장 파릇하다. 그 나무가 아름드리나무가 될 때까지 다시 태어나고, 또 다시 태어나라.

4강

웃음은 가장 큰 능력

소문만복래笑門萬福來라는 말이 있다. 개인과 마찬가지로 회사도 복이 온다. 웃는 회사가 되려면 먼저 임원이 웃어야 한다. 임원의 밝은 표정이 곧 회사의 표정이 된다. 그리고 그 환한 웃음이 회사의 발전을 약속할 것이다.

임원의 얼굴은 회사의 얼굴이다. 임원의 얼굴이 웃는 얼굴이면 회사도 웃는 얼굴이 될 것이고, 임원의 얼굴이 찡그려져 있다면 회사의 이미지도 찡그려져 있는 것이다. 그만큼 임원의 표정이 중요하다. 임원이 안 좋은 일이 있거나 몸이 아프다고 얼굴을 찡그리고 사무실을 오간다면 금방 회사 분위기는 어두워진다.

'저 임원 오늘 무슨 일 있나? 왜 저러고 다니지? 오늘 몸조심해야겠다'라는 식의 뒷말까지 나올 수 있다. 정말 이렇다면 일이 제대로 될 리가 없고 다들 눈치만 보게 될 것이다. 당연히 생산성을 기대할 수 없다. 이런 날이 매일같이 이어진다면 이 회사의 앞날은 불 보듯 뻔하다.

'소문만복래笑門萬福來'라는 말을 모르는 사람은 별로 없을 것이다. 1970~80년대를 풍미했던 코미디 중에 〈웃으면 복이와요〉라는 프로그램이 있었다. 사람뿐만 아니라 회사도 웃는 표정이면 그 회사에는 복이 따라 온다.

웃음이 복을 부르는 것은 단지 인간사에 국한된 것이 아닌가보다. 이런 말을 들은 적이 있다. 고사告祀용 돼지머리를 파는 재래시장의 가게에서 웃는 얼굴의 돼지머리가 보통 돼지머리보다 가격이 두세 배나 비싸다는 것이다. 새롭게 출발하는 자리에서 웃는 얼굴의 돼지머리가 잘 되기를 바라는 긍정적인 다짐에 더어울린다고 생각했기 때문일 것이다.

요즘 '긍정'에 대해 많은 사람들이 이야기한다. 굳이 긍정을 말로 표현하지 않더라도 이미 우리는 긍정의 중요성을 많이 느끼며 살고 있다.

'긍정'은 웃는 얼굴이나 밝은 표정에서 시작된다. 서비스 관련 회사들의 공통된 아침 구호는 '오늘 하루 웃으면서 시작합시다!'이다. 그리고 어디서든 쉽게 볼 수 있는 문구가 '웃는 하루'이다. 임원부터 웃는 얼굴로 하루를 시작하고, 웃는 얼굴로 고객과 직원들을 대한다면 그 회사의 내일은 분명 큰 복이 따를 것이다. 아무리 능력 있는 임원이라도 웃는 얼굴이 아니라면 진정으로 능력이 있다고 할 수 없다.

임원이기 때문에 표정이 중요한 것이다. 설령 직원들이 여러 가지 이유로 하루 종일 임원과 직접 마주치는 일이 없었다고 하더라도 임원의 얼굴 표정에 대해 이미 다 눈치 채고 있음을 알아야 한다.

고객과의 소송문제가 있어서 며칠 동안 마음이 복잡한 적이 있었다. 조용히 진행된 일이라 직원들은 당연히 모르는 일이었다. 표를 내지 않으려고, 분명 웃는 얼굴로 일관했다고 생각했는데 많은 직원들이 나의 얼굴이 어둡다고 생각하고 있었다. 웃는 얼굴을 보이려고 노력했는데도 직원들은 다 눈치 채고 있었던 것이다. 만약 표정 관리가 잘 안 되는 임원이었다면 과연 어떠했겠는가.

임원의 표정은 직원들의 표정, 즉 우리의 표정이다. 월급을 못 줄 정도로 힘들어도 웃는 표정을 지을 수 있다면 그 회사는 분명 그 어려움을 잘 헤쳐 나갈 것이다. 이런 말이 있지 않는가. '힘들다고 울면 삼류, 이겨내려고 이를 악물면 이류, 힘들더라도 웃으면 일류'란다.

웃는 것도 연습이 필요하다. 회사 생활에서 늘 기분 좋은 일만 있을 수는 없다. 그래서 연습이 필요하다. 연습을 많이 하다보면 웃음도 습관이 될 것이다. 자연스럽게 밝은 표정을 하고 다닌다면 그 임원은 어떤 일을 하든지 자연스럽게 긍정의 에너지를 몰고 다니게 된다. 믿음과 신뢰를 주는 밝은 표정은 분명 긍정적인 결과를 가져올 것이다.

당장 거울부터 준비하길 바란다. 그리고 거울을 보면서 웃는 연습부터 하자. 김치든 치즈든 연습을 통해 웃는 얼굴을 만들어 보길 바란다. 그리고 일류가 되자.

5강

순결한 신부神父가 될 자신이 있는가

순결한 신부가 될 자신이 없다면 임원을 하지 마라. 그런 자신감 조차도 없다면 그 자리는 언제든 무너질 수 있다. 아무리 높고 단단하게 쌓아 올린 자리라도 한순간에 무너질 수 있다는 것을 명심하라. 그 기준은 바로 도덕성이다.

강원대학교에서 진행한 '창업 멘토링 집중 세미나' 과정에서 교수를 대상으로 특강을 진행한 적이 있다.

이 때 강조했던 것이 두 가지이다. 초경쟁 뉴노멀 시대에 왜 창업을 하는지에 대한 사명을 나타내는 미션Mission, 꿈꾸는 미래의 청사진이 되는 비전Vision을 정하는 것과 무엇을 가장 중요하게 생각할 것인가를 나타내는 조직의 근본적인 신념인 핵심가치Core Value를 정해야 한다는 것이다. 미션과 비전은 중요하다는 것을 알기 때문에 어떻든 정하고 정리하곤 한다. 그런데 핵심가치는 기업의 중심 가치관임에도 불구하고 쉽게 간과한다.

우리 회사의 핵심가치는 '마음경영, 신뢰경영, 기술경영'이다. 좀 더 구체적으로 말하자면 '사람을 소중하게 생각하고, 서로 믿으며, 열정을 가지고 세상 사람들에게 가치를 제공하는 이로운 프로그램을 개발한다'는 것이다. 창업할 때 핵심가치를 정하고 지금까지 지내면서 늘 되뇌었던 내용이다. 그리고 직원들과 늘 공유하고 잊지 않기 위해 사무실 곳곳에 액자로 만들어 붙였다. 물론 실행을 강조했다. 이러한 핵심가치가 분명하였기에 회사의 성공 사례를 특강을 통해 공유할 수 있을 정도의 회사로 자리 잡지 않았나 생각된다. 아직 산중턱까지밖에 못 올랐지만 정상에 오르고 또 더 높은 산을 오를 때에도 핵심가치는 우리 회사 구성원 모두의 마음속에 변치 않고 자리 잡고 있을 것이다.

마음이 건강한 임원은 회사의 핵심가치를 중요하게 생각한다. 핵심가치를 가슴에 새겨 놓는 것도 중요하지만 몸소 실천함으로써 구성원들에게 귀감이 되는 것이 더 중요하다. 회사마다 각기 다른 핵심가치가 있겠지만 어떤 기업이든 '정직'이라는 핵심가치는 중요한 가치가 될 것이다. 굳이 드러내 공표하지 않더라도 밑바탕에 이미 깔려 있는 것이다.

최근 들어 윤리경영에 대한 관심이 높아졌다. 윤리경영도 정직을 바탕에 둔 경영방식이다. 윤리경영은 뭔가 대단한 것을 내세우는 것이 아니다. 그 말을 가장 쉽게 접할 수 있는 때가 명절이다. 명절이 가까워 오면 고객사로부터 거창한 공문이 날아온다. 그 내용을 보면, 윤리경영을 실천하고 있으니 명절 선물을 주지도 말고 받지도 마라는 것이 주 내용이다. 또한 프로젝트 계약을 진행할 때도 윤리경영의 맥락에서 '청렴 서약서'[1] 등을 작성하기도 한다. 많이 변하긴 변했다. 불과 몇 년 전까지만 하더라도 윤리경영이라는 말이 생소하기까지 했는데, 지금은 많은 회사들이 윤리경영을 실천하고 있다. 해당 회사뿐만 아니라 협력회사나 계약 상대 회사에도 윤리경영을 실천할 것을 강조해 온다. 여하튼 좋은 일이고, 더 권장되어야 할 사항이다.

무엇보다 임원들이 이러한 부분에 앞장서야 한다. 매스컴을

---

1) 청렴 서약서(清廉誓約書, integrity pledge): 계약의 이행을 청렴한 태도로 수행하겠다는 것을 약속하는 내용의 서식이다.

통해서 얼마나 많이 봐 왔는가. 많은 이들이 한순간의 청탁이나 부정으로 인해 힘들게 차지한 자리를 쉽게 잃는 경우를 종종 보게 된다. 지금 임원의 자리를 아무리 반석 위에 세웠더라도 도덕성을 저버린다면 그 자리는 곧바로 모래성이 된다. 명심해야 할 것은 그 자리가 높으면 높을수록 그 자리의 힘이 크면 클수록 검은색으로 물들이고자 하는 검은 유혹이 더 많다는 것이다.

사필귀정事必歸正이라는 말이 있다. 비즈니스는 이 말에서 절대 벗어나지 않는다. 책임을 갖고 회사를 운영하는 임원이고, 계속 전진하기를 원하는 임원이라면 더딜지라도 사필귀정이란 말을 품고 나아가길 바란다.

특히 창업을 준비하는 사람이라면 절대 지워지지 않도록 아주 강하게 가슴에 이 말을 새기길 바란다. 이것이 바로 기업가정신Entrepreneurship이다.

6강

—

힘들지 않으면 **임원**이 아니다

앞장서서 직원들을 한 방향으로 이끄는 것이 임원이다. 고객도 만나야 하고, 실적도 신경 써야 하고, 직원도 독려해야 한다. 매 순간이 긴장의 연속이고 힘든 설득의 과정일 수 있다. 그렇기에 밝은 내일이 더 기다려지는 것이다.

산을 오르다 보면 높이 올라갈수록 바람이 더 세차게 부는 것을 느낄 수 있다. 임원의 자리는 높은 산, 그것도 꼭대기에서 느끼는 바람의 강도보다도 더 세찬 바람이 분다. 그것도 시도 때도 없이 바람이 분다. 그 바람을 맞으면서 바람에 날아갈까 두려워하며 바람이 불지 않는 곳으로 몸을 피해 움츠리는 임원도 있을 것이다. 반면 그 바람을 맞으며 시원하다고 한 번 외치고 더 높이 오르는 임원도 있을 것이다. 당신은 어떤 임원인가. 힘들다는 기준은 누가 만들어 주는 것이 아니라 본인이 스스로 만드는 것이다.

임원의 자리가 누구나 쉽게 오를 수 있고, 또한 쉽게 지킬 수 있는 자리라면 가치가 크다고 할 수 없다. 무엇이든 힘들게 얻은 것이 더 보배롭고 가치 있는 것은 당연한 이치이다. 힘들게 오른 자리인 만큼 그 자리가 요구하는 책임과 사명을 감당하기 위해 고민하고 또 고민한다면 분명 그 자리는 가치 있는 자리가 될 것이다. 누구에게 보여주기 위한 가치 있는 자리가 아니라 스스로 생각하기에 가치 있는 자리여야 한다.

가치 있는 자리에는 늘 긴장과 함께 도전이 곳곳에 도사리고 있다. 게다가 매 순간 전투가 벌어지는 자리일 수도 있다. 한 번 전투에서 승리했다고 계속 승자가 되는 것이 아니듯 끝없이 고군분투해야 한다. 그게 임원의 자리이다. 그래서 임원의 자리를 힘든 자리라고 한다. 뒤집어 말하면 힘들지 않으면 임원이 아닌 것이다.

어릴 때 기차를 타면 터널이 너무 많은 것이 항상 불만이었다. 기차가 터널로 들어가면 '이 터널은 얼마나 길까'라고 생각하면서 빨리 터널을 지나가기를 바라곤 했다. 터널에서 보이는 창밖은 캄캄했다. 그런데 터널 밖에서는 보이지 않았던 내 얼굴이 캄캄한 창을 통해 보였다. 창에 비친 내 얼굴은 평상시에 보는 내 얼굴과는 사뭇 다른 얼굴이었다. 기차가 터널에 들어가지 않았다면 그런 내 얼굴을 보지 못했을 것이다. 지금 생각해 보면 기차가 터널에 들어가면 캄캄함이 끝없이 이어질 것 같은 두려움이 있었던 것 같다. 그런데 기차는 금세 밝은 곳으로 나오게 되고, 나는 어린 나이였지만 캄캄함 속에서 더 진실한 나 자신을 바라봤던 것이 아닐까.

지금 힘든 과정을 겪고 있다면, 그 자리가 많은 스트레스를 가져다준다면 '내가 지금 터널을 통과하고 있구나'라고 생각하면 어떨까. 그리고 터널 안에서 창에 비친 나의 모습을 보면서 나를 더 깊이 느끼고, 더 온전한 임원으로 거듭나기를 준비하면 어떨까. 피하지 말고 더 강하고 힘있는 행보를 시작해 보자.

〈나 이런 사람이야〉라는 DJ DOC의 노래 제목처럼 '나 이런 사람이야!'라고 크게 외치고 가슴을 펴고 자신 있게 전진해 나간다면 오히려 내일이 더 기다려 질 것이다. 매일 매일 얼마나 많은 일들이 있는가. 직원들이 속 썩이는 일부터 고객사와 해결해야 할 문제, 매일 신경 써야 하는 실적 보고서, 고객의 클레임, 제품 기능 향상, R&D, 신규사업 등 머리가 터질 정도로 복잡한 일이 많을 것이다. 당장이라도 내려놓고 싶지 않겠는가. 그런데 그 자리는 당장 내려놓으라고 부여된 자리가 아니지 않은가. 그렇기 때문에 힘들더라도 그 자리에 주어진 소임을 본분과 신념을 갖고 다해야 하는 것이다. 한 해 농사만을 생각하는 농부는 없다. 당장 끼니를 거르더라도 다음 해 농사를 위해 종자를 남겨둔다.

선종禪宗의 대표적인 불서佛書인 『벽암록碧巖錄』에 줄탁동기啐啄同機 라는 말이 있다. 병아리가 알 안에서 알을 쪼면, 어미닭이 이 소리를 듣고 밖에서 같이 쪼아 새 생명이 빛을 보게 된다는 말이다. 임원의 이마에 땀이 송골송골 맺히면 어미닭과 같이 도움을 주고 그 땀을 닦아 주는 이도 있을 것이다. 희망을 공유하며 조금씩 나아가다 보면 어느새 몇 년 농사를 풍년으로 짓는 임원이 될 것이다.

7강
—
당신을 위해 **기도하는 사람**이 있다

혼자라고 느껴질 때가 많을 것이다. 하지만 결코 혼자가 아니다. 더 지혜로운 마음과 묵직한 책임감으로 당당히 서기를 바라는 마음을 담아 기도로 힘을 실어주는 주위 사람이 있음을 기억하라. 이제 그 강한 에너지를 받아보기 바란다.

중보기도仲保祈禱라는 말이 있다. 기도의 한 형태로써 자신을 위한 것이 아니라 남을 위하여 기도하는 것이다. 개신교에서는 기도 제목을 공유하고 서로 간에 중보기도를 하는 것이 일반화되어 있다. 이러한 중보기도라는 말은 개신교에서 쓰지만 개신교 신자가 아니더라도 일상화되어 있다.

우리 어머니들이 자식이 잘 되기를 바라면서 기도하는 것, 자식이 부모님의 건강을 위해 기도하는 것, 회사 직원이 회사와 임원을 위해 기도하는 것들이 다 중보기도라고 할 수 있다. 일상생활에서 순간순간 많은 기도를 한다. 나를 위한 것도 있지만 남을 위한 기도도 많다. 그러한 기도 중에는 임원인 당신을 위한 기도도 분명 많을 것이다. 왜냐하면 임원의 자리가 힘든 자리인 만큼 그 자리를 든든히 세우기를 바라며 기도하는 사람은 더 많을 것이기 때문이다.

임원, 그 자리는 외로운 자리이다. 그리고 힘든 자리이다. 그렇다고 안정된 자리도 아니다. 그런 자리에 앉았는데, 그 불편한 자리에 앉은 자를 위해 기도하는 사람조차 없다면 얼마나 힘든 여정이 될 것인가. 하지만 분명 당신을 위해서 기도하는 사람이 있다. 그것을 명심하고 더 지혜로운 마음과 묵직한 행동으로 굳건히 그 책임을 잘 수행해야 한다. 또한 더 겸손한 마음으로 주위를 바라봐야 할 것이다.

나는 가뭄에 콩 난 것보다 더 띄엄띄엄 새벽기도에 나간다. 기도할 내용이 없어서 그렇게 가끔씩 나가는 것이 아니다. 그 누구보다 기도를 많이 해야 하는데도 부끄럽지만 게으르기 때문이다. 가끔씩 교회에 나갈 때마다 많은 사람들이 이른 새벽에 나와서 기도한다는 것에 놀라고, 연로하신 부모님들이 자식을 위해서 그렇게 간절히 기도하는 모습에 놀란다. 가슴 벅찬 감동을 느낄 때도 있고, 또 한편으로는 작은 긴장감도 얻는다.

그것이 바로 에너지라고 생각한다. 그 옆에 있었을 뿐인데도 한 뭉치의 에너지를 얻는데, 간절한 기도의 대상이 되는 사람은 얼마나 큰 에너지를 얻을 것인가. 큰 에너지를 받은 자식들이 건강한 모습으로 각자 제 자리에서 맡은 바 책임을 다하는 것은 당연하다는 생각이 들었다.

말로 다할 수는 없지만 기도의 힘이 대단한 것임에는 틀림 없다. 그러한 기도들로 임원의 자리에 앉게 된 것이다. 이제는 그 자리에서 더 큰 역할을 하고, 존경 받는 리더가 되기 위해 더 큰 기도가 필요하다. 그리고 더 큰 기도는 이미 시작되었을 것이다. 지금 이 시간에도 당신을 위해 기도하는, 어머니를 비롯한 많은 소중한 사람들이 있다는 것을 깨닫기 바란다.

하루 일과를 시작하기 전에 머릿속을 깨끗이 하고 가장 낮은 마음으로 기도를 해보라. 회사를 위해서, 직원을 위해서, 가족을 위해서, 친구를 위해서, 국가를 위해서 기도하라. 그리고 고객을 위해서도 기도한다면 더 맑은 기분으로 하루를 시작할 수 있을 것이다.

당신을 위해서 기도하는 사람들의 마음을 소중히 받아들이고, 또한 매일 기도하는 당신은 훌륭한 리더로 기억될 것이다.

· · · · · ·

누군가에게 책임을 맡기고
그를 신뢰한다는 사실을 알게 하는 것만큼
한 사람을 성장시키는 일은 없다.

부커 T. 워싱턴 Booker T. Washington _ 미국 교육자

· · · · · ·

8강

—

빨리 배달되는 짜장면이 더 맛있다

배고플 때는 맛있는 짜장면보다 빨리 배달되는 짜장면이 훨씬 더 맛있다는 것을 경험했을 것이다. 심사숙고하여 내린 의사결정이 이미 때늦은 것이라면 의미가 없다. 빠른 의사결정으로 더 맛있는 짜장면을 맛보게 하라.

집에서든 직장에서든 짜장면을 배달시켜서 먹어보지 않은 사람은 거의 없을 것이다. 짜장면을 배달시켜 먹는 데에는 여러 가지 이유가 있겠지만, 가장 큰 이유는 편리함과 신속성 때문이다. 전화 한 통화로 편하게 주문할 수 있고, 또한 빨리 배달된다는 것은 별 것 아닌 것 같지만 엄청난 경쟁력이다. 배가 고플 때 빠르게 허기를 해소할 수 있고, 복잡한 절차를 거치지 않고 간단하게 끼니를 해결할 수 있는 짜장면의 경쟁력 때문에 앞으로도 짜장면은 변함없이 사랑 받는 음식이 될 것이다.

만약 이러한 짜장면 배달에서 신속함이 빠진다면 어떻게 될까. 뭘 먹을까 고민하다가 맛있다는 짜장면집을 찾아서 기대를 하고 배달을 시켰는데, 물론 그 맛만을 기대하고 시켰을 수도 있겠지만 너무 늦게 배달되어 불은 짜장면을 먹게 된다면 아마 더 이상 그 짜장면집으로는 전화를 하지 않을 것이다. 하지만 배가 고플 때 짜장면을 시켰는데 빠르게 배달이 된다면, 그것도 생각보다 빠르게 배달된다면 그 기쁨은 아마 상당할 것이다. 그리고 빠르게 배달된다는 이유만으로도 그 짜장면집은 단골이 될 가능성이 높다.

조직 내의 의사결정도 짜장면과 같다. 아무리 좋은 의사결정도 적절한 타이밍을 놓친다면 결코 좋은 의사결정이라고 할 수 없다. 의사결정에 있어서도 빠른 의사결정이 제일 맛난 의사결정이 된다는 이야기를 하고 싶어서 짜장면 이야기를 한 것이다.

시장 환경뿐만 아니라 조직 그 자체도 빠르게 변화하고 움직인다. 이러한 환경에서 신중한 의사결정을 이유로 결재만을 쌓아 놓는다든가 복잡한 절차를 거친다면 과연 경쟁사와의 경쟁에서 더 빠르게 나아갈 수 있을 것인가. 특히 중소기업의 가장 큰 장점으로 꼽는 '빠른 의사결정'을 임원 스스로가 중요하게 생각하지 않는다면 경쟁력은 기대하기 힘든 부분이 될 수도 있다.

또한 직원들에게 무엇인가를 지원하겠다고 마음먹었을 때에는 단박에 지원하는 것이 좋다. 자로 잰다는 느낌이 들게 하거나 고민하고 지원해준다는 느낌이 든다면 받는 입장에서는 기분이 유쾌하지 않을 것이다. 때로는 '생각해 봐야겠는데'가 아니라 '그래 그렇게 하세요'라는 즉답이 필요할 때도 있다.

의사결정을 기다리는 직원은 결정이 늦어지면 그에 따른 많은 상상을 하게 된다. 오해를 하거나 다른 일을 하지 못하고 불필요한 상상을 하고 있다면 그 손실 또한 가볍게 생각할 부분이 아니다. Go든 Stop이든 빠른 의사결정을 내린다면 그에 따른 빠른 대응이 일어나게 된다. 임원이 모든 것을 다 파악하고 난 후 의사결정을 내려야 된다고 생각한다면 그것은 오산이다. 이는 스스로 전략적인 사고를 하고 있지 않다는 것을 증명하는 것이다.

평상시 빠른 의사결정이 습관이 되어 있는 임원이라면 절대 며칠 동안 책상 위에 결재판을 쌓아 놓지 않을 것이다. 중요한 것은 무조건적인 빠른 의사결정을 주장하는 것이 아니라 빠른 의사결정을 하고 그 의사결정이 최선의 의사결정이 될 수 있도록 책임질 줄 아는 임원이 되어야 한다는 것이다. 의사결정을 늦게 해서 낭패를 보는 임원이 되고 싶지 않다면 지금 바로 책상 앞을 살펴보기 바란다. 만약 머뭇거리거나 지체되고 있는 사안들이 있으면 지금 바로 처리하길 바란다. 그게 바로 직원들이 원하는 '맛있는 짜장면'이다.

· · · · ◆ · · · ·

유능한 경영인은 결정이 아무리 힘들고 어렵더라도
질질 끌지 않는다.
실패한 결정 10개 중 8개는 판단을 잘못해서가 아니라
'제때' 결정을 못 내렸기 때문에 실패한 것이다.

짐 콜린스 Jim Collins _ 미국 경영컨설턴트

· · · · · ◆ · · · ·

9강

—

잘되는 **집안**은 뭐가 달라도 **다르다**

집안이 깨끗하고, 웃음소리가 들리고, 맛난 음식 냄새가 난다. 가족이 손잡고 함께 다니고, 밝은 얼굴과 말끔한 모습으로 다닌다. 분명 잘되는 집안일 것이다. 잘되는 집안처럼 회사도 잘되는 회사의 모습으로 만드는 것이 바로 임원의 역할이다.

'잘되는 집안은 뭐가 달라도 다르다'고 하는 것은 너무도 당연한 말이다. 다르지 않고서야 어떻게 잘된단 말인가. 그런데 자세히 들여다보면 특별히 눈에 띄게 다른 것을 찾기는 쉽지 않다. 잘되는 집안이라고 해서 특별한 무엇인가가 있는 것은 아니기 때문이다.

죽을 통해 음식문화를 새롭게 창출한 '본죽'의 김철호 대표가 '본'이라는 상호를 쓴 이유는 의외로 간단하다고 한다. '본'을

'기본 본本'이라는 한자에서 따왔다는 것이다. 기본이 성공을 부른다고 여기고 기본을 끝까지 지키겠다는 의미로 브랜드를 만든 것이라고 한다. 사실 기본을 지키는 것이 가장 어렵다. 기본을 지켜왔기에 지금은 해외선교의 일환으로 기아飢餓 어린이를 죽으로 돕고, 암환자를 위한 죽을 만들어 희망을 전하는 역할을 하고 있다고 한다.

잘되는 집안의 비결도 바로 기본을 지키는 것이 아닐까. 부모는 자식을 사랑하고, 자식은 부모님을 공경한다. 그리고 대문 앞부터 마당까지 깔끔히 치워져 있다. 가족끼리 오손도손 모여 앉아 함께 식사를 하고 하루 종일 있었던 일들을 이야기하면서 웃음꽃을 피우고 있다. 맛있는 것이라도 있으면 밝은 미소와 함께 이웃과 나눈다. 그런 가족, 바로 그런 집안이 잘되는 집안이다. 여기에 특별함이라는 것이 있는가.

친구들이 전화해서 '회사 잘되느냐'고 물으면 나의 대답은 늘 똑같다. "그냥 열심히 하고 있다." 이처럼 기본을 지킨다는 의미고 같은 말을 하곤 한다. 나에게 주어진 일을 기쁘게 받아들이고, 그 일에 최선을 다하는 것이 기본이다. 기본을 다하다 보면 잘되는 집안처럼 회사도 잘되는 회사가 된다.

잘되는 회사는 따로 있다. 특별한 이유가 있을 수도 있다. 가령 세계 으뜸의 기술력을 가지고 있다든가, 강력한 카리스마를 가진 CEO가 있다든가, 어떤 제품이 시장에서 대박을 쳤다든가 하는 것이다. 이러한 특별한 이유가 없어 보이는데도 잘되는 회사 또한 있다. 그 회사에는 각자의 역할을 충실히 하는 직원들이 있고, 의사소통이 잘 되어서 협력을 잘 하는 문화가 있다. 기본을 가장 중심에 둔 것이 특별한 이유 없이도 회사를 더 특별하게 만든 것이다.

잘되는 회사 중에 최고의 회사는 행복한 회사이다. 즉 행복이 넘치는 회사를 일컫는다. 행복이 넘친다는 말은 많은 것을 내포하고 있다. 우선 서로 대화가 잘 이루어지고, 서로 고마움을 표현할 줄 아는 회사이다. 그 외에도 여러 가지가 있겠지만 이러한 기본적인 것들이 마음을 움직이고 감동을 일으켜 행복이 넘치는 회사가 되는 것이다. 회사는 다른 환경에서 살아온 사람들이 공동의 목표를 위해 모인 집단이다. 그렇다고 해서 각자의 가정에서 느끼는 그런 사랑과 행복을 회사에서 못 느끼라는 법은 없다.

함께 행복한 회사를 만들면 된다. 출근하고 싶은 회사, 서로 힘을 합쳐 일하는 회사, 사무실 정리정돈이 잘 된 회사, 비전이 구체적이어서 모든 직원이 한 방향을 바라보는 회사, 인사를 잘 하는 회사가 바로 잘되는 회사이다.

한 후배가 얼마 전에 창업을 했다. 창업을 하고 나니 이것저것 궁금한 게 많았는지 나를 찾아 왔다. 그 자리에서 후배는 비가 내린 뒤에 밭에서 수확한 상추처럼 신선한 말을 했다. '직원들이 행복하게 일할 수 있는 회사가 되도록 하겠다', '직원들의 건강을 위해 건강 검진만은 꼭 받도록 하겠다', '분기에 한 번 걷기나 등산 등을 통해 직원들의 몸을 피곤하게 하겠다' 라고 직원들에게 이야기를 했다고 한다. 물론 좋은 호응을 얻었단다.

이러한 것이 바로 '핵심가치'이다. 이 회사는 분명 잘되는 회사가 될 것이라 믿는다. 그리고 잘될 것이라고 믿는 나의 에너지도 전달했다. 기업企業에서 '기企'라는 한자를 보면 사람人이 없으면 멈춘다 라는 뜻을 내포하고 있다. 곧 '사람이 기업이다'라는 뜻이다. 사람을 으뜸으로 생각하는 임원이 있는 회사는 잘되는 회사가 될 것이고, 행복이 남아돌게 될 것이다.

10강

—

시야는 넓으면 넓을수록 좋다

시야가 넓은 차량의 가격이 더 비싼 것처럼 시야가 넓은 임원의 가치가 상대적으로 더 높다. 시야는 단번에 넓어지지 않는다. 연습이 필요하다. 그 연습이 습관이 되고 태도가 된다. 눈을 감고도 넓고 멀리 볼 수 있는 시야를 가져라. 그 눈이 정확할수록 조직은 순항한다.

어떤 회사든지 권한 위임이 중요한 화두가 된다. 팀장들은 임원에게 권한 위임을 요구하고, 임원은 더 이상 어떻게 권한 위임을 하느냐고 하면서 서로 다른 생각을 주장한다. 더 구체적으로 표현하면 팀장은 실질적인 권한 위임을 요구한다. 실질적인 권한 위임을 하기 위해서는 먼저 팀장이 그러한 권한 위임을 받을 준비가 되어 있어야 한다고 임원은 말한다. 그러다 보니 서로 불만이다. 더 위험한 것은 임원이 너무 작은 일까지 관여하게 되어 회사의 새로운 목표를 설정하고, 새로운 성장 동력을 마련하는 데에 써야 할 에너지를 아래 팀원까지 통제하는 데에 다 써버리는 것이다.

자리가 사람을 만드는 것인지, 사람이 자리를 만드는 것인지는 잘 모르겠다. 그것은 자리에 따라서, 사람에 따라서 다르기 때문이다. 높은 자리에 오르면 모든 것을 꿰뚫고 차지하고 싶은 욕심이 생기나 보다. 안타깝게도 내가 아는 임원중에도 권한 위임을 시원하게 하는 사람은 보기 드물다. 책임과 권한을 명확하게 정리하여 그 기준에 따라 역할을 분배하는 임원은 참으로 찾기 힘든 것인가 보다.

그 이유는 임원이 너무 좁게 보고 있기 때문이다. 팀장이 미덥지 못한 구석이 있더라도 우선 맡겨 봐야 한다. 맡겨 보고 잘못하면 다시 돌리면 된다. 그것을 검증하는 데에 많은 시간이 걸리는 것도 아니고, 그것으로 인해 많은 손실이 생기는 것도 아니다. 그런데 아예 맡기는 것 자체를 여러 가지 이유를 들어 시도하지 않는 것이다. 성城을 만들려고 하는지, 아니면 나라를 만들려고 하는지는 모르겠다.

시야를 넓히라고는 하지만 정말 어려운 일이다. 임원이 되어서 갑자기 시야를 넓히고자 해도 좀처럼 넓혀지지 않는다. 여기에는 연습이 필요하다. 신입사원 때부터 넓게 생각하고 전략적으로 사고하는 습관을 길러야 한다. 어려운 일인 만큼 노력하지 않으면 불가능하다. 노력하지 않다 보니 대부분의 임원들이 넓은 시야로 의사 결정이나 정책 결정을 하지 못하는 안타까운 일이 발생 하게 된다.

나는 4층의 사무실에서 근무한다. 한번은 20층에 있는 친구의 사무실을 방문한 적이 있다. 탁 트인 전망이 아주 좋았다. 멀리까지 많은 것을 볼 수 있었다. 4층에서 볼 수 없었던 시내 곳곳이 눈에 들어왔다. 20층에서 보이는 시야는 넓을 수밖에 없었다.

이처럼 임원의 위치는 좀 더 높은 곳에서 쳐다볼 수 있는 위치여야 한다. 그리고 필요할 때는 내려오면 되는 것이다. 즉 직원들 가까이 다가가야 할 필요가 생길 때는 엘리베이터를 타고 내려오면 된다. 평상시의 임원의 위치는 멀리 내려다보이는 20층인 것이다.

왜 임원이 세세한 것까지 다 체크하고 있는가. 그건 능력자가 아니다. 그러려면 팀장을 세우지 말고 스스로 임원의 자리를 내려놓고 팀장을 하면 된다. 높은 곳에서 바라보지 않는 이상, 절대 전체를 다 바라보지 못한다. 전체를 다 아울러 바라본다는 것은 내 회사만 바라보는 것을 말하는 것이 아니다. 산업 동향에서부터 경쟁사의 움직임, 고객사의 요구 사항 변화, 정부 정책 등 회사를 둘러싸고 있는 모든 환경을 보는 것을 의미한다. 권한 위임을 제대로 하면 풀 밑에 있는 개미를 찾다가 눈 밑에 다크서클이 생기는 일은 없을 것이다.

· · · · ◆ · · · ·

리더십은 비전을
현실로 구현해내는 능력이다

워렌 베니스 Warren Bennis _ 리더십 전문가

· · · · ◆ · · · ·

11강

—

회사에는 **어른**이 필요하다

자유로운 분위기, 작은 조직일수록 어른이 되는 사람이 필요 하다. 어른은 그 자체만으로 기준이 되고, 본보기가 될 수 있기 때문이다. 임원이 바로 그 어른이다.

집안에는 어른이 있어야 한다고들 말한다. 그 어른이 어른으로서 기준을 잡아 주고 집안의 중심이 되기 때문일 것이다. 우리 집에서는 팔십팔 세의 연로하신 아버지의 말씀이 곧 집안의 법이 된다. 우리 집에서는 아버지가 제일 어른이시기 때문이다.

아버지의 말씀에 따라 7남매와 그 배우자들, 그리고 손자손녀 14명이 움직인다. 어떤 때는 다소 억지스럽고 부당한 결정인 것 같아도 '어른 말씀이다'라는 말이 붙으면 일단 그에 수긍하고 따른다. 아버지께서 오랜 세월을 거치며 두루 살펴 오신 덕분에 우리는 큰 문제없이, 별다른 다툼 없이 화목한 가정에서 살아오고 있다. 아무리 핵가족화로 인해 할아버지의 지위가 약해졌다고 하더라도 여전히 집안에 어른이 누구인지는 알고 그 어른의 말씀에 귀 기울이는 단란한 집안이 많다.

회사 조직 또한 많이 변하고 있다. 예전의 수직적이고 권위적인 조직에서 점차 수평적이고 개방적인 조직으로 많이 바뀌었다. 특히 젊은 조직이 많이 생겼다. 젊은 조직이라고 하면 자유로움을 연상하게 된다. 그러다 보니 젊은 조직에서는 격이 없고, 약간은 함부로 해도 된다고 착각하는 경우도 생긴다.

조직에는 바둑판 조직과 장기판 조직이 있다. 현대 조직은 바둑판 조직이라고들 한다. 바둑판에서는 돌 하나하나가 동일한 지위를 가질 뿐만 아니라 동일한 역할을 한다. 하지만 장기판에서는 각 말이 움직이는 방향이 정해져 있고, 그 권력 또한 정해져 있다. 현대 조직에서는 급변하는 환경과 자율성을 강조하다 보니 자연스럽게 바둑판 조직이 더 선진화된 최신의 조직인 것으로 비춰질 때가 많다. 그런데 여기서 중요한 것은 어떤 형태의 조직이 더 좋은가가 아니라 해당 조직의 문화와 환경에 맞는 조직 형태가 제일 좋은 조직이라는 것이다.

그래서 바둑판 조직의 특징을 가졌더라도 장기판 조직을 완전히 무시해서는 안 된다는 것을 강조하고자 한다. 즉 어떤 조직에서든 조직의 어른이 필요하다는 것이다. 다소 수직적이고 권위적인 부분이 있더라도 그런 사람이 필요하다. 조직 구성원 모두가 다 동일한 지위를 가질 수는 없다. 좀 더 높은 위치에서 두루두루 살피고, 잘못된 길로 들어설 때 다른 길을 알려 줄 수 있는 사람도 필요한 것이다.

창의성을 강조하는 어떤 이는 권위적이고 수직적인 조직에서는 창의성이 떨어질 우려가 있음을 피력한다. 하지만 회사에 어른이 있다고 창의성이 떨어지는 것은 아니라고 말해 주고 싶다. 임원이 창의성을 억누르는 사람은 아니다. 어른이 있다고 창의성이 떨어진다면 그 조직은 창의성을 언급하기에는 미숙한 조직일 것이다.

그럼 조직의 어른은 어떻게 행동하는 것이 좋을까. 먼저 스스로 자유분방한 임원이라면 의도적으로라도 그 자리에 맞는 행동을 하길 바란다. 그 노력이 분명 직원들의 예의 없는 행동 때문에 기분 나빠하며 불필요하게 신경 쓰는 시간을 줄일 것이다. 내가 만난 사람들 중에 예의 없는 부하직원에 대해서 관대한 사람은 거의 본 적이 없다. 어른이 되어야 할 임원이 어른의 역할을 다하지 못하면 여러 가지로 복잡함을 경험하게 된다. 결국 배가 산으로 가는 불행한 상황이 올 수도 있다.

어른으로서의 가장 큰 역할은 말 한마디, 행동 하나하나 모두 함부로 해서는 안 된다는 것이다. 다시 말해 가볍게 처신하지 말아야 한다. 그의 말과 행동이 곧 회사의 정책이고 회사를 대표하기 때문이다. 아주 사소한 말실수도 임원이 하면 오래 간다. 그리고 직원들은 실망감을 안고 지내게 된다. '물은 배를 띄우지만 또한 배를 뒤집기도 한다'는 옛 성인의 말처럼 임원은 직원이 배를 뒤집고 싶은 마음이 들지 않도록 늘 그 의무를 다해야 한다.

어른이 언행일치, 言行一致를 몸소 실천하고, 해당 역할을 다할 때 그 조직은 체계가 잡힌 조직이 될 것이지만 반면 그 역할을 다하지 못할 때에는 '콩가루 집안'이 될 가능성이 높다. 콩가루 집안을 만들고 싶지 않다면 스스로 본보기가 되고 기준이 되는 어른의 역할을 다하길 바란다.

—

반성할 줄 아는 임원이
한 발 먼저 나아간다

반성한다는 것은 책임을 진다는 것이다. 유독 회사에서는 책임 전가가 비일비재하다. 반성을 하지 않기 때문이다. '내 탓이오' 보다는 핑계거리를 만들기에 급급하다. 반성으로부터 내 위치가 더 견고해진다는 것을 모르는 것이다.

학창시절에 반성문을 한번쯤은 써봤을 것이다. 반성문을 자주 쓰는 친구 중에는 반성문 쓰는 것보다 그냥 몇 대 맞는 것이 낫다고 하는 친구도 있었다. 반성문을 쓰는 것이 그만큼 정신적으로 힘들었기 때문에 그랬을 것이다. 어떤 무서운 선생님은 글자 수까지 정해 주셔서 머리를 쥐어뜯으며 몇 시간씩 씨름을 하기도 했다. 선생님께서 반성문을 쓰라고 한 데에는 이유가 있다.

반성문을 쓰는 동안 어떻든 간에 자신의 잘못된 행동에 대해 곱씹어 생각해 보라는 것이고, 그러면서 한 번 더 생각할 시간을 가지라는 것이다. 무엇보다 반성문을 통해 '반성'을 할 줄 아는 사람이 되라고 가르쳐 주신 것이다.

그렇게 배운 반성을 나이가 들면서 잘 안 하게 된다. 반성을 하게 되면 꼭 내가 잘못을 다 인정하고 많은 것을 빼앗기는 것이라고 생각하기 때문이다. '잘못이 부끄러운 것이 아니라 잘못을 고치지 못하는 것이 부끄러운 것'이라고 루소가 말했다.

반성은 원래 실수나 잘못을 뉘우치고, 뉘우침을 발판 삼아 더 발전하고 성숙하기 위해 하는 것이다. 따라서 오히려 스스로 얻는 것이 많게 된다. 그런데도 이상하게 반성을 하면 내가 잃는 것이 많아진다고 생각한다. 특히 회사 생활에서는 애석하게도 그러한 생각이 더 많이 퍼져 있다.

내 잘못을 인정하게 되면 나한테 불이익이 생긴다고 생각할 정도로 잘못을 인정하지 않는다. 이미 드러난 잘못인데도 본인 실수나 부족함에 의해서 일어난 일이 아니라고 박박 우긴다. 그것이 인사평가나 인센티브에라도 영향을 미칠까봐 두렵기 때문일 수도 있다. 아니면 본인의 능력이나 기술력의 부족이 드러나는 것을 두려워하여 인정하기 싫어서 그럴 수도 있다. 본인의 실수로 인해 문제가 생겼다면 어느 정도의 비난이나 불이익은 감수해야 한다.

반성은 잘못된 일을 반복하지 않기 위해서 하는 것이다. 스스로 인정하고 다시는 그런 일이 없도록 하면 된다. 그런 마음가짐만 있다면 잘못된 일에 대해 반성하는 것이 어려운 일은 아닐 것이다. 그런데 다시는 잘못된 일을 반복하지 않겠다는 자신감이 없기 때문에 엉뚱한 핑계로 그것을 인정하지 못하는 것이다. 스스로 생각하기에 또 다시 실수나 잘못이 일어날지도 모른다는 불안감을 갖고 있기 때문이다. 이런 사람일수록 생떼를 쓰면서 반성하지 않는다.

임원에게 있어서도 반성은 중요한 덕목 중의 하나이다. 반성할 줄 모르는 임원은 현명하지 못한 임원이다. 높은 자리일수록 반성은 책임과 연계된다. 반성을 한다는 것은 책임을 진다는 것이다. 잘못을 했으면 책임지는 것은 당연하다. 그런데 미꾸라지처럼 책임지지 않으려고 요리조리 빠져나갈 궁리만 하는 임원도 있다. 그렇게 핑계를 대며 무척이나 애를 쓰지만 곧 자신만 살겠다고 애를 쓴 것임이 확연하게 드러나게 된다.

자신이 행한 행동에 대해 책임지고 반성한다고 그 자리가 없어지지 않는다. 아무리 큰 실수를 했다고 하더라도 그것을 숨기려는 것보다 인정하고 책임지겠다고 하는 것이 더 수습하기 쉬운 일이 된다. 왜냐하면 인정하게 되면 더 빨리 대처할 수 있기 때문이다.

직원들에게 임원의 마음을 꿰뚫는 초능력은 없다. 그런데 책임지지 않는 임원의 마음만은 꿰뚫어 보는 초능력들을 지니고 있다. 그 초능력에 발가벗겨지기 보다는 먼저 인정하고 공개된 가운데 해결책을 찾기 위한 노력을 하는 것이 좋다. 그렇게 하면 아마도 모두가 함께 해결하려고 할 것이고, 관련이 없는 사람들조차도 도우려고 나설 것이다.

한편 조직에 있어서 '저 사람은 속을 모르겠다'의 대상이 되는 사람은 상당히 위험한 사람으로 보일 수 있다. 회사 일을 하는 데에 있어서 자기 속을 잘 내보이지 않는다는 것은 의사소통이 잘 안 된다는 것이다. 팀워크가 좋고 잘 굴러가는 조직은 구성원들

간에 공통점이 많다. 비슷한 타입의 사람이 많다는 것을 의미하기도 한다. 그렇게 비슷해진다는 것은 서로 마음을 많이 내보였기 때문이다. 마음을 내보인다는 것은 쉽지 않은 일이다. 임원부터 자신의 마음을 내보인다면 다른 사람들도 훨씬 수월하게 마음을 내 보일 것이다.

마음을 내보이는 데 있어서 가장 중요한 것은 진심이다. 그 진심을 느끼게 하는 것이 바로 반성에서 시작된다는 것을 알아야 한다. 우선 내 마음을 잘 들여다보면 심안心眼을 가지게 된다. 그것을 통해 스스로를 늘 돌아보고 반성하는 사람이 되어야 한다. 그동안 마음 안에 '능구렁이'를 키웠다면 이제 '내 탓이오'라고 하면서 그 징글징글한 능구렁이를 놓아 주기 바란다.

13강

—

불광불급 不狂不及

급변하는 환경 속에서 열정만큼 많이 쓰이는 단어도 없을 것이다. 미칠 정도의 열정과 지치지 않는 열정만 있다면 도달하지 못할 것이 없다. 당신의 열정에 구성원들의 열정을 더하라. 그러면 열정의 한도를 없앨 수 있다.

우리 회사에 들어서면 가장 먼저 눈에 들어오는 것이 '불광불급 不狂不及'이라고 쓰인 푯말이다. '미치지 않고는 도달하지 못한다'는 의미이며, 열정이 살아 있는 조직을 유지하겠다는 의지가 담겨 있다. 오며 가며 직원들도 늘 쳐다보지만 회사를 방문하는 방문객들도 이것을 유심히 쳐다본다. 각자의 느낌은 다르겠지만 '열정'에 대해 한 번쯤은 더 생각해 보게 될 것이다.

열정의 의미는 위에서 언급한 것처럼 '어떠한 일에 미친 듯이 몰두하는 것'을 의미한다. 대체로 그런 의미로 열정을 생각한다. 그런데 열정에는 한 가지 의미가 더 담겨 있다. 그것은 '어떠한 일을 기복 없이 꾸준히 해 나간다'는 의미이다. 사실 꾸준히 해 나가는 것이 훨씬 어렵다. 양은냄비는 금방 데워지기도 하지만 금방 식어버리기도 한다. 반면에 유기그릇은 따뜻함이 오래 지속된다. 유기그릇 같은 열정이 오히려 더 열정다운 열정이다. 그런데 유기그릇 같은 열정은 습관이 배어야만 가능하다. 잠깐 동안의 열정이 아니라 꾸준히 열정을 보인다는 것은 습관이 된 것이고 그 습관은 빠른 시간 내에 쉽게 만들어지지 않는다.

아버지께서 나에게 물려주신 가장 큰 선물은 성실이다. 아버지는 남달리 성실한 분이셨다. 아버지는 열여섯에 열네 살의 어머니를 맞아 혼례를 올리고, 그때부터 농사일을 손에서 놓을 때까지 흙에서만 사셨다. 하루도 빼놓지 않고 새벽 네 시면 일어났고 자리에 누울 때까지 밭으로 논으로 다니면서 일을 하셨다. 그 힘든 농사로 인해 지금도 손가락 끝마디가 조금씩 휘어져 있다.

아버지의 그 부지런함은 습관이셨다. 나 또한 그런 습관을 물려받아 지금껏 성실하게 살아 왔다. 우리 집에서 초등학교까지는 정확히 4킬로미터 거리였다. 꼬박 십 리十里를 걸어 다녔다. 초등학생에게는 먼 거리인데도 우리 7남매들은 모두 6년 동안 개근을 했다. 다리가 놓이기 전에는 비가 많이 내려 냇가의 물이 불으면 등굣길에 아버지께서 개울까지 내려오셔서 업어다가 건너게 해 주셨다. 그리고 집에 올 때는 냇가를 피해 산길로 돌아오기도 했다. 난 몸이 약했다. 그래서 학교를 걸어 다니는 것이 늘 버거웠다. 그때마다 누나가 업어 주고 달래면서 데리고 다녔다. 그 누나는 지금도 많은 사람들을 업어 주는 목사님이 되었다. 비가 아무리 많이 와도, 눈이 아무리 많이 쌓여도, 발이 얼어 동상이 걸려도, 하루도 빠지지 않고 학교에 갔다. 형과 누나가 그래왔듯이 나도 당연히 그래야 하는 줄 알았고 1학년부터 그러다보니까 습관이 되어 6학년까지 그렇게 한 것이다. 중학교, 고등학교도 마찬가지로 내리 6년 동안 개근했다. 지금 와서 생각하면 바로 그러한 것이 순박한 '열정'이었다는 생각이 든다.

요즘은 열정이라는 말을 너무 많이 쓴다. 그러다 보니 무엇이 열정인지를 분간하기가 어려울 때도 많다. 다시 강조하지만 열정은 '쉼 없이 꾸준히 전진해 나가는 마음가짐'이다. 금방 불붙었다가 금방 식어버리는 것은 열정이 아니다.

우리 회사 홈페이지 인사말에 이런 내용이 있다. 노자의 『도덕경』「64장」에 나오는 내용이다. "合抱之木 生於毫末 九層之臺 起於累土…… 愼終如始 則無敗事; 아름드리나무도 털끝만한 싹에서 비롯되고, 구 층의 높은 누각도 한 줌의 흙을 여러 번 쌓아 올리는 데서 시작되며…… 시작할 때와 같이 끝맺음도 신중히 하라. 그러면 실패하는 일이 없을 것이다."

바로 이것이 열정을 나타내는 것이다. 처음부터 마지막에 이르기까지 꾸준히 최선을 다하면 이루고자 하는 것을 이룰 수 있다는 의미이다.

아무리 안정된 회사라도 그 기업환경이 대양을 항해하는 선박의 환경과 같은 경우는 없다. 특히나 중소기업의 환경은 험한 계곡을 지나는 뗏목이 직면하는 환경과 유사할 것이다. 예측하지 못한 바위와 갑작스런, 거기다가 비까지 내리는 곳이 계곡이다. 그런데 너무 힘들다고 노를 집어 던진다면 그것은 열정을 던지는 것이 된다. 노를 계속 젓게 하고, 방향을 잡아 주며, 북을 쳐 용기를 북돋우며 꾸준히 나아가게 하는 역할을 하는 사람이 임원이다. 그런 임원에게 열정이 없으면 그 배가 뒤집히는 것은 시간문제일 뿐이다.

임원이 가진 불광불급不狂不及의 마음은 조직구성원의 마음을 하나로 모으고, 그 마음이 한 방향을 쳐다보게 한다. 그리고 보이지 않는 것조차 볼 수 있게 하여 더 큰 힘을 낼 수 있게 할 것이다. 한 명의 열정보다는 여러 명의 열정이 모이면 그 힘은 상상하기 어려울 정도의 큰일들을 척척 할 수 있게 할 것이다.

· · · · ◆ · · · ·

성공한 사람이 될 수 있는데
왜 평범한 이에 머물려 하는가?

베르톨트 브레히트 Bertolt Brecht _ 독일 시인·작가

· · · · · · ·

14강

—

조직의 적정 온도는 36.5℃

조직에도 온도가 있다. 너무 높으면 더울 것이고 너무 낮으면 추울 것이다. 그 적정 온도는 우리의 체온과 같으며 그것을 조절하는 사람이 임원이다. 잘 돌아가는 조직은 자동으로 온도가 맞춰져 있는 것처럼 돌아가는 조직이다.

휴일에 아무도 없는 사무실에 나와서 혼자 앉아 있다 보면 가끔씩 햇볕이 사무실에 들어왔다 나갔다 하는 모습을 볼 수가 있다. 화초들도 햇볕이 들어왔을 때는 파릇파릇한 색상을 더 진하게 드러낸다. 그러면서 꽃이 피었다 지기를 반복한다. 햇볕이 우리 사무실의 온도를 조절해 준다는 것을 혼자만의 여유로운 시간을 보내면서 알게 되었다.

오늘도 사무실의 반 이상을 차지하며 성큼 들어온 햇볕을 보면서 조직에도 온도가 있다는 것을 새삼 느낀다. 어떤 날은 사무실에 찬바람이 쌩쌩 불 정도로 한기가 돌고, 또 어떤 날은 몸의 피로가 개운하게 날아갈 정도의 적당히 따뜻한 목욕물 온도의 온기를 느낀다. 사무실이 북적거리는 평일에는 언제 햇볕이 들어왔다가 가는지를 모르지만 그래도 햇볕은 다녀간다. 이처럼 조직의 온도도 무엇인가에 의해서 따뜻해졌다가 추워졌다가 하는 것이다.

조직의 온도를 좌우하는 매개는 사무실을 차지하고 있는 모든 구성원들이다. 햇볕처럼 구성원들이 의도적으로 그러는 것은 아니지만 자신들도 모르게 온도를 높였다가 낮췄다가 하면서 온도에 민감한 반응을 보이기도 한다.

여름에 에어컨을 작동할 때 자동 온도조절로 설정해 놓으면 그 온도에 맞춰 에어컨이 동작되었다가 멈췄다가를 반복한다. 그런데 조직에는 이러한 자동 온도조절 장치라는 것이 없다. 그런 장치가 있으면 참 좋을 텐데 말이다. 조직이 과열되면 온도를 낮춰주기도 하고, 큰 수주 경쟁에서 떨어서 조직에 찬바람이 불어치면 자연스레 온도를 높여 주는 일이 생기게 하는 그런 온도

조절 장치 말이다.

그러한 장치가 없기 때문에 동일한 역할을 하는 사람이 필요한데 바로 임원이 그런 사람이다. 온도가 너무 내려가 구성원들이 추위를 느끼는데도 온도를 높여 얼른 조치를 취할 사람이 없다면 감기에 걸리는 구성원들이 생길 것이다. 반면에 온도가 너무 올라가 덥다고 아우성치는데도 시원한 바람을 몰고 올 사람이 없다면 땀을 흘리다가 다른 시원한 곳으로 찾아 나설 수도 있다.

한편 조직의 온도는 우리의 체온과 동일한 36.5℃가 적당할 것이다. 36.5℃를 맞추는 것은 쉬운 일이 아니다. 온도를 조절하는 그 자체도 어려운 일이지만 얼마나 시의적절하게 온도를 조절하느냐가 중요하다. 가장 좋은 것은 조직 구성원들이 조직에 자동 온도조절 장치가 있다고 착각할 정도로 온도 변화를 못 느끼게 하는 것이다. 임원이 수동으로 온도를 조절하지만 그만큼 매끄럽게 조절한다면 구성원들은 늘 쾌적함을 느끼는 온도에서 일을 하게 된다. 36.5℃가 적절히 유지되기만 하면 구성원은 햇볕을 받은 화초가 자라듯 매일 한 뼘씩 자라날 것이다.

또한 임원이 온도를 잘 맞췄다고 자랑하고 박수를 받으려면 조직에 부정적 분위기가 퍼지지 않게 해야 한다. 조직은 생명체와 똑같다. 조직에 부정적인 공기가 퍼지면 금방 조직은 시커멓게 타 들어갈 수 있다. 원래 부정적인 시각을 가진 구성원일수록 영향력이 크다. 그래서 순식간에 탄저병[2]처럼 번져 나가 신뢰도 깨지고, 의사소통도 무색해진다. 특히 뚜렷한 긍정의 마음가짐을 갖지 않은 구성원들, 즉 시계의 추같이 긍정과 부정을 왔다 갔다 하는 직원들이 부정에 휩쓸릴 가능성이 높다. 온도를 긍정의 눈금에 맞추고 부정이 엄습하지 못하게 늘 긴장해야 한다.

　밥을 안 먹어도 배가 부른 것 같은 느낌의 그 온도가 바로 36.5℃이다. 임원은 더 큰 노력을 요구하다가도 때로는 겸손을 강조하고, 뛰어 오르는 것을 누르다가도 때로는 격려를 하기도 하면서 조직을 최적의 온도로 조절해야 한다.

---

2) 탄저병: 탄저(Bacillus anthracis) 균에 의해 생기는 식물의 병해이다.

최고의 임원이 되는 과정이
험난하지만
한발한발 나아 가다

Part 2

임원,
연습이 필요하다

1강

—

Reader가 Leader다

책을 읽지 않는 임원은 리더가 될 수 없다. 지금 책꽂이에 매뉴얼, 기술서적, 오래된 잡지들로 책꽂이가 채워져 있지는 않은가. 이는 스스로 생각의 폭이 좁은 사람이라고 광고하는 것이나 마찬가지이다.

한 회사의 임원실을 방문한 적이 있는데, 책상 위에는 온갖 제안서로 뒤덮여 있고 책장에는 제안서와 제품 매뉴얼만 잔뜩 꽂혀 있었다. 얼핏 느끼기에도 이 임원실의 주인은 책을 멀리하는 임원일 것이라는 생각이 들었다. 아마도 너무 바쁘게 살든가, 아니면 세상을 두루두루 살펴보고 싶은 마음이 없는 것일 수도 있다.

임원실은 외부 손님뿐만 아니라, 직원들도 많이 드나드는 장소이다. 따라서 다른 사람에게 일부러 보이기 위한 형식적인 모습으로라도 책장을 정리해야 할 필요성이 있다. 그만큼 임원실에서 책장이 차지하는 비중이 크기 때문이다. 임원실에 들어 갔을 때 가장 먼저 눈에 띄는 것은 책상과 책장이다. 그중 책장은 앉아서 대화를 나누다 보면 가장 오래도록 시선이 가는 곳이기도 하다. 책장이 있다면 책장을 나를 표현하는 공간이라 생각하고 꾸며보라. 가정에서 거실을 가장 예쁘게 꾸미는 것과 마찬가지이다.

책장이 예쁘게 꾸며져 있으면 자꾸만 그 쪽으로 눈이 가게 될 것이고, 좀 더 예쁘게 꾸며야겠다는 생각이 들 것이다. 그러다 보면 책을 사게 되고, 그 책을 읽게 된다. 거짓말같이 느껴지면 당장 오늘 책장을 뒤집어 보길 바란다. 먼지도 털어내고, 1년이 지나도록 한 번도 손이 안 간 것들을 과감히 버리기 바란다.

나는 2~3개월에 한 번씩 5권 이상의 책을 산다. 종류에 상관없이 베스트셀러들로만 산다. 그리고 읽고 싶은 책부터 읽는다. 물론 다 읽지 못할 때도 있다. 그런데 중요한 것은 책을 사다 보니 어떤 책을 읽어야 할 것인가에 대한 분별력이 생겼다는 것이다. 요즘은 다른 사람들에게 그 사람의 상황에 맞는 읽을 만한 책들을 추천하기도 한다. 그렇게 형식적으로라도 책장을 정리하다 보니 점차 이렇게 변하게 되었다.

형식적으로라도 책장을 정리하라는 이유는 임원이라면 반드시 책을 읽어야 하기 때문이다. 책을 읽어야 할 이유는 여러 가지가 있다. 독서는 먼저 굳어져 가는 당신의 머리를 말랑말랑하게 할 것이고, 적어도 20년은 더 일할 수 있도록 할 것이다.

책을 읽지 않고 어떻게 진정한 리더가 될 수 있으며, 그 막중한 임무와 책임감이 따르는 그 자리를 유지할 수 있겠는가. 물론 임원이 되면 신경 써야 할 것도 많고 봐야 할 문서들도 많다. 그러나 그럴수록 더더욱 책을 읽어야 한다. 그래야만 의사결정에서 편협한 사고를 버릴 수 있고, 멀리 바라보는 좋은 눈을 가질 수 있다.

임원은 스스로에게 최면을 거는 습성이 있다. 바로 본인의 생각이 늘 옳다고 생각하고, 그것을 굽히지 않으려고 하는 것이다. 이러한 사고방식은 오직 본인 스스로의 노력으로 깨뜨릴 수 있다는 것을 알아야 한다. 바로 책의 힘을 빌리는 것이다.

한편 독서에서 얻는 또 한 가지의 이점이 있다. 바로 직원들에게도 자연스럽게 그러한 분위기가 전달된다는 것이다. 신조어 중에 샐러턴트Saladent라는 말이 있다. 공부하는 직장인을 일컫는 말이다. 임원이 먼저 책을 읽고 공부하는 모습을 보인다면 직원들도 따라 하게 된다. 당신은 '재무제표'조차 볼 줄 모르는 창피한 임원이 되고 싶지는 않을 것이다.

이런 말을 들은 적이 있다. '술 사주는 임원보다는 책 사주는 임원이 되라.' 이처럼 책을 많이 나누기 바란다. 이를 통해 바로 책 읽는 조직 문화가 형성되는 것이다. 난공불락難攻不落의 조직 문화는 바로 이러한 데서 시작된다.

오늘부터 책 읽기를 다짐했다면, 데일 카네기[3]의 『인간관계론』을 추천하고 싶다. 이 책은 책장에서 눈에 잘 띄는 곳에 아주 오래 꽂아 두면 좋을 책이다.

---

[3] 데일 카네기(Dale Breckenridge Carnegie, 1888년 ~ 1955년)는 미국의 작가, 강사이다. 미주리 주 매리빌의 농장 출생이며 University of Central Missouri(당시 Central Missouri State University)를 졸업한 뒤 네브래스카에서 교사, 세일즈맨 등으로 사회생활을 시작하였다. 1912년 YMCA에서 성인을 대상으로 하는 대화 및 연설 기술을 강연하면서 이름이 알려지게 되었다. 사례를 중심으로 진행하는 것이 특징이며 책 또한 그러하다. 선풍적인 인기에 더불어 카네기 연구소를 설립하고 인간경영과 자기계발 강좌를 개설했다. 대표 저서로는 『데일카네기 인간관계론』, 『데일카네기 성공대화론』, 『데일카네기 자기관리론』, 『데일카네기의 1%성공습관』, 『데일카네기 나의 멘토 링컨』, 『화술 123의 법칙』 등이 있다.

2강

—

칭찬은 직원을 널뛰게 한다

칭찬은 귀로 먹는 보약이다. 마시는 보약을 선물하지 못한다면 귀로 먹는 보약을 선물하라. 얼마나 쉬운 일인가. 직원이 몸이 좋아져서 펄쩍펄쩍 널뛰기를 한다면 조직은 굴렁쇠처럼 굴러갈 것이다. 당장 귀로 먹는 보약을 선물해 보라.

사람을 만나다 보면 의외로 칭찬에 인색한 사람들이 많다. 칭찬이 얼마나 필요하고 좋은 것인지에 대해서는 시중에 나온 책들을 통해서도 많이 접했을 것이다. 제목만 봐도 칭찬이 어떤 효과가 있고, 얼마나 좋은 것인지 금방 알 수 있다.

나는 직원들을 대상으로 교육할 때 '칭찬은 직원을 널뛰게 한다'는 말로 칭찬이 갖고 있는 효과를 말하곤 한다. 그런데 나 또한 칭찬에 관대한 사람은 아닌 것 같다. 왜냐하면 나에게도 칭찬

좀 잘 했으면 좋겠다고 충고하는 사람이 더러 있었기 때문이다.

칭찬이 꼭 누군가를 춤추게 하고, 날뛰게 하지 않더라도 칭찬은 가장 쉽게 사람의 마음을 따뜻하게 한다. 칭찬은 내 입으로부터 시작 된다. 내 입에서 좋은 말을 하면 내 입은 저절로 웃게 된다. '행복하기 때문에 웃는 것이 아니라 웃기 때문에 행복해진다' 라는 말은 한 번씩은 들어본 말일 것이다. 내가 다른 사람에 대해서 칭찬 하다 보면 내가 먼저 행복해진다.

이런 좋은 칭찬이 유독 회사에서는 인색해진다. 경쟁이 있고, 평가가 있고, 업무 분장이 있기 때문에 그런 것 같다는 생각이 든다. 언젠가 텔레비전 광고 등을 통해서 '칭찬 캠페인'을 접한 경험이 있다. 최근에는 회사뿐만 아니라 작은 모임 등에서도 나름대로의 '칭찬 캠페인'이나 '칭찬 릴레이'같은 것을 많이 벌인다. 이런 캠페인이 자주 등장하는 이유는 칭찬이 사회를 밝게 하고 우리의 기분을 좋게 하기 때문에 '칭찬은 좋은 것'이라는 것을 알리기 위한 것이다. 그런데 더 큰 이유는 아직까지도 칭찬에 대해 인색한 사회적 분위기 때문에 칭찬의 필요성을 더 알리기 위한 것이다.

내가 아는 한 사람은 참 인자한 사람인데, 내게 이런 말을 한 적이 있다. "나는 칭찬을 잘 안 하는 사람이다", "칭찬에는 좀 인색해야 한다" 그렇게 평상시의 모습과는 전혀 다른 가치관을 가지고 있다는 것을 확인하고 실망감이 느껴졌다. 사람이 달라 보였다. 물론 그 사람도 리더의 자리에 있는 사람이다. 나는 개인적으로 이런 말을 하는 사람은 아무리 작은 조직이라도, 어떤 형태의 조직이라도 그 조직의 리더의 자리에서 한시 바삐 물러나야 한다고 생각한다. 더불어 이 생각을 강하게 주장하고 싶다. 만약 자리를 내려놓지 못한다면 강한 충고로 변화시키든가, 정 그것도 어려우면 강제로라도 끌어내려야 한다.

이렇게 칭찬을 잘 하지 않는 사람이 오히려 꾸짖을 때는 큰 소리로 꾸짖는다. 러시아 격언에 이런 말이 있다. '큰 소리로 칭찬하고, 작은 소리로 비난하라.' 이 격언을 되새겨 보길 바란다.

칭찬을 할 줄 모르는 사람이 어느 조직의 수장으로 있다면 그 조직의 구성원들이 겉으로 보기에는 소속감이 있어 보이고, 일사불란해 보일지는 몰라도 그것은 신기루와 같은 것이다. 구성원들이 거짓된 얼굴로 그 조직의 수장을 쳐다보고 있는 것이다.

'칭찬은 귀로 먹는 보약'이다. 그 보약을 시시때때로 줄 수 있는 사람이 바로 임원이다. 보약이 무엇인가. 나쁜 것으로부터 저항 능력을 길러주고, 몸을 보강해 주는 것이 보약이 아닌가. 그런 보약을 주고 싶을 때 얼마든지 줄 수 있는 사람이 임원인데, 그것을 못한단 말인가. 마시는 보약만 보약이 아니다. 때로는 귀로 먹는 보약이 훨씬 몸에 좋을 수 있다.

그냥 속는 셈 치고 시험 삼아 칭찬을 한 번 해보기 바란다. 그 칭찬을 들은 직원의 얼굴에 어떤 화색이 도는지. 아마 감기 정도는 금방 나을 것이고 무기력증, 스트레스, 불안, 불만, 갈등, 소외감 등 조직에서 느끼는 모든 질병이 순식간에 사라지게 될 것이다.

칭찬이 어렵다고 단정하지 말고 하루에 몇 번씩이라도 실천해 보길 바란다. 그러다 보면 어느새 칭찬이 쉬워질 것이다. 칭찬은 이유가 있어야 하며, 그 이유에 대해 구체적으로 이야기하고, 칭찬거리가 있을 때 즉시 한다면 효과는 배가된다. 거기에 유머와 진심까지 담는다면 직원들이 날만 뛰겠는가. 회사의 모든 무거운 짐을 지고서도 날뛸 것이다. 그렇게 되면 조직은 굴렁쇠처럼 잘 굴러갈 것이다.

3강

악수를 하라. 손이 아프도록 하라

대통령후보들은 선거 때 손이 퉁퉁 부을 정도로 악수를 한다고 한다. 악수가 의사소통의 도구일 뿐만 아니라 감정의 전이를 위한 필수 요소라는 것을 알기 때문일 것이다. 파이팅을 외치는 회사라면 먼저 악수하는 문화부터 만들어라.

우리 회사는 회의를 시작하기 전에 큰 소리로 "안녕하십니까?"를 외치고 앞뒤 좌우 동료들과 악수를 나눈다. 처음에는 시켜야 하는 일이었지만 지금은 자연스럽게 한다. 다른 것은 몰라도 인사를 나누고 악수를 하고 회의를 진행하다 보니 어떤 주제의 회의든 간에 분위기가 좋게 흘러간다. 이것이 보이지 않는 악수의 힘이라고 생각한다.

악수는 가장 일상적인 일이지만 잘 안 되는 것 중의 하나이다. 처음 만나는 사람과는 악수를 잘 하지만 회사 내부 동료들 간에는 잘 하지 않는다. 조직에 따라 다르겠지만 회사 내부에서도 임원은 자주 보기 어려운 사람이다. 길게는 몇 개월에 한 번 정도 볼 수도 있다. 그런데도 만나서 악수를 안 한단 말인가. 얼마의 간격으로 만날지 모르니 매일 보지 않는 이상 일주일, 한 달을 셈하지 말고 만날 때마다 악수를 하라.

악수를 하게 되면 이미 악수만 하는 것이 아니다. 우선 서로 눈을 쳐다보며 인사말을 나눈다. 그게 따뜻한 인사말이면 더 좋다. 근황에 대해 물을 수도 있고, 진행하고 있는 일에 대해서도 물을 수 있으며, 건강에 대해 물을 수도 있다. 게다가 어떤 경우는 등을 두드리며 격려를 하는 경우도 생긴다. 최근 들어 '스킨십 경영'이 많이 거론되고 있다. 이는 특별한 것이 아니라 바로 악수하고 눈을 마주치는 것이다.

물론 악수에는 예의가 따른다. 윗사람이 먼저 청하는 것이고, 손을 너무 꽉 잡지 않아야 하며, 왼손으로 하지 말아야 하고, 손끝만 잡는 형식적인 악수를 하지 않아야 한다는 것 등이다. 하지만 중요한 것은 서로 간에 악수를 한다는 그 자체에 있다. 악수를 하는 것은 서로 마음을 주고받는 것이라고 생각하면 된다. 그러면 자연스레 악수에 대한 예의는 갖추어지기 때문이다.

텔레비전을 통해서도 가장 많이 보게 되는 장면이 바로 악수하는 장면이다. 아마 여러분은 몰랐을 것이다. 나 또한 몰랐던 사실이다. 그럼 오늘 한 번 유심히 들여다보라. 특히 뉴스 시간에는 수없이 많은 악수 장면이 나온다. 왜 그렇게들 악수를 많이 할까. 아마도 마음을 주고받는 가장 쉬운 방법이기 때문일 것이다. 악수는 의사소통의 기본이 되며, 더 큰 의사소통을 가능케 하는 것이다.

여기서 내가 말하고 싶은 것이 바로 '마음'이다. 내 마음을 전달하기 위해 가장 좋은 방법은 악수라고 생각한다. 악수를 통해 내 마음이 전달된다고 생각하고 손이 아프도록 악수하는 것은 전혀 부담되는 일이 아닐 것이다. 자연스럽게 악수를 나누는 조직은 분명 가슴이 따뜻한 조직이다. 이런 조직의 미래를 어느 누가 감히 밝지 않을 것이라고 말하겠는가. 이렇게 간단하고도 쉬운 것을 실천하지 않는 임원이 있다면, 그 임원은 감정이라는 것을 지하철 휴지통에 버리고 출근한 것이 분명하다. 지금 당장 당신의 따뜻한 손을 먼저 내밀어 보라. 그러면 직원의 차가웠던 손 뿐만 아니라 그 가슴까지 따뜻하게 데워 줄 것이다.

지미 핸드릭스 Jimi Hendrix _ 기타리스트

4강

—

강아지가 **염소를 따르는** 데에는
이유가 있다

언젠가 특종을 소개하는 프로그램에서 강아지가 염소를 따르는 것을 본 적이 있다. 직원이 임원의 지시에 따라 행동하고 그를 조용히 따르는 데에는 이유가 있다. 그런 이유를 많이 만들어라.

특종은 일반적인 일이 아니고 뭔가 특별한 일이 일어난 것을 뜻한다. 일반적으로 강아지가 염소를 따르는 모습을 보기는 힘들다. 그런데 강아지가 염소를 따르는 모습이 있다면 그것은 바로 특종이다. 특종을 소개하는 프로그램에서 그 장면을 본 기억이 난다.

'강아지가 염소를 왜 따를까.' 프로그램의 마지막 부분에서 그 이유가 나온다. 어미가 내친 강아지를 염소가 어떤 이유에서였

느지 모르지만 젖을 먹여 키웠기 때문이었다. 모든 일에는 이처럼 분명한 이유가 있다. 이유 없이 강아지가 염소를 따르지는 않았을 것이다. 가령 주인이 훈련을 시켜서 따르도록 하려고 해도 그것은 어려운 일이다. 어쨌든 강아지의 속마음은 모르겠지만 마음 깊숙이 염소를 따르게 된 이유가 있었던 것이다.

임원이 목표를 설정하고 그 목표를 달성하기 위해서 인내심을 갖고 옳은 길로 나아간다면 그 뒤를 따르는 강아지들, 즉 직원들이 있을 것이다. 회사 워크숍에서 이런 현수막이 걸린 적이 있었다. '우리는 나보다 강하다. 멀리 가려면 함께 가자!'

마음이 통해 함께 간다는 것은 더 멀리 갈 수도 있고, 더 힘차게 나아갈 수도 있다는 뜻이다. 강아지는 염소를 따르면서 편안한 마음이 들었을 것이다. 염소를 믿었기 때문에 따랐을 것이다. 염소 입장에서는 자신의 새끼가 아닌 강아지가 따르면 뿔로 받으며 쫓을 수도 있었을 텐데 그러지 않았다. 그것은 강아지가 따르면서 함께 한다는 것이 든든했기 때문일 것이다. 묵묵히 걸어가면서 가끔씩 뒤를 돌아보는 모습이 꼭 어미와 새끼 같다는 생각이 들 정도이다.

급변하는 환경에 민첩하게 대응하고 매일 긴장된 시간을 보내는 가운데서도 자신의 뒷모습을 바라보면서 따르는 직원을 한 번쯤 뒤돌아보는 것도 좋은 임원의 모습이다. 굳이 뭐라고 일일이 말하지 않아도 그 뒷모습에는 내 모든 모습이 담겨 있다. 그리고 그런 뒷모습은 직원을 교육하고 훈련하는 것보다 더 큰 효과를 얻을 수 있다.

처음에는 한 사람만이 따를 수도 있겠지만 나중에는 점점 많아져 여러 명이 따른다면 머지않아 그 임원은 직원들을 이끄는 목동이 된다. 목동은 양들을 이끌어 풀이 많은 곳으로 이동하게 할 뿐만 아니라 위험으로부터 보호한다. 바로 임원은 그런 역할을 맡게 된다.

조직에는 한 사람이 매달려 충분히 할 수 있는 일도 있지만 한 사람의 능력만으로는 역부족인 일도 많다. 그런데 한 사람이 일이 버거워 힘들어 하는데 그 사람을 도우려고 하는 사람이 없다면 그 조직은 큰일을 할 수 없게 된다. 조직이 더 큰 일을 하기 위해서는 함께 그 일을 해야 한다. 강아지가 염소를 따르듯이 구성원들이 임원을 생각하는 바가 마음으로 통하여 그 뒤를 따라 함께 한다면 그 조직은 어떤 힘든 일이라도 다 이루어낼 것이다.

강요하지 않았는데도 직원들이 스스로 따르고 있다면 그 이유를 파악하라. 그리고 뒤돌아가지 않고 지속적으로 따를 수 있도록 자신의 뒷모습에 책임을 지기 바란다. 그러면 당신에게서 특종은 계속 터져 나올 것이다.

* · * ◆ * ·

신뢰는 삶의 접착제이다
효과적인 의사소통에 가장 필수적인 요소이다
모든 관계를 유지하는 기본 원칙이다

스티븐 코비 Stephen Covey _ 컨설턴트

· * ◆ * · *

5강

—

깨진 유리창은 얼른 새로 갈아 끼워라

> 어떤 조직이든 깨진 유리창을 갖고 있다. 갈아 끼우면 또 깨지기
> 도 한다. 그렇더라도 그때마다 깨진 흔적을 찾을 수 없도록 최대한 빨
> 리 갈아 끼워라. 조금이라도 늦추면 매일매일 깨진 유리창 파편 치우
> 기에 시달릴지도 모른다.

우리 집은 비가 많이 내리면 베란다에서 물이 샌다. 처음에는
한 방울씩 떨어졌는데 지금은 바닥이 흥건해질 정도로 샌다. 뿐
만 아니라 장마철에는 심한 곰팡이까지 온 집안에 난동을 피웠
다. 이렇게 된 데는 이유가 있다. 1년 전부터 아내는 내부 수리를
하자고 했다. 아파트 단지 차원의 하자 보수를 진행한다는 전단
지까지 붙었었는데 바쁘다는 핑계로 미루어 온 것이다. 아내는
비가 올 때마다 아무런 조치를 취하지 않은 나에게 조용히 불만

을 늘어놓는다. "처음에 물이 샐 때 조금만 손 봤으면 좋았을 것을…, 지금은 아무래도 대공사가 될 것 같아요."

우리는 살아가면서 이와 비슷한 경험들을 많이 한다. 특히 몸의 질병이 그렇다. 초기에 조금이라도 이상이 발견되었을 때 병원에 간다든가, 다른 조치를 취하면 병을 키우지 않는 경우가 많다. 나 또한 이런 경험을 했고, 지금은 그 여파로 매일매일 약을 먹어야 하는 혹독한 대가를 치르고 있다.

그렇게 많은 시간이나 큰 노력이 필요한 것이 아니었다. 베란다 공사는 전화 한 통화면 누수공사를 전문으로 하는 기술자가 와서 몇 시간의 작업만으로 끝냈을 것이다. 지금 치료받고 있는 질병 역시 초기에 약을 먹었다면 벌써 치료가 끝나 약을 끊었을 것이라고 주치의는 말한다.

조직을 살펴보면 마찬가지로 물이 새는 곳과 아픈 곳이 곳곳에 있다. 그런데 너무 바쁘기도 하고 더 큰 것만을 바라보다가 그냥 지나치는 경우도 있고, 의도적으로 회피하는 경우도 있다. 여기서 임원의 역할이 중요하다. 이런 역할을 해야 하기 때문에 임원이 필요한 것이다. 임원은 바로 이러한 곳을 찾아 공사도 하고, 약 처방도 내려야 한다.

사실 직원들은 이러한 곳을 잘 찾지 못한다. 일부러 찾으려고 해도 잘 못 찾는데, 일에 파묻혀 지내다 보면 모르고 지나치는 경우가 많다. 그래서 임원의 자리가 높은 것이다. 높은 곳에서 내려다보면 그만큼 시야가 넓어지기 때문에 더 많이 볼 수 있다. 또한 임원은 그런 권한이 있기에 한 사람 한 사람에게 더 다가가기 쉽고, 더 많은 정보를 얻을 수도 있다. 그렇기 때문에 문제되는 곳을 빨리 파악할 수 있는 것이다.

깨진 유리창이 있으면 그것을 찾아내는 사람이 임원이다. 그리고 빨리 교체해서 깨진 흔적을 없애야 한다. 임원의 권한은 이럴 때 필요한 것이다. 직원들한테 깨진 유리창을 빨리 갈아 끼우게 하고, 말끔히 청소하게 하는 것이다. 구성원이 많으면 많을수록 유리창은 빈번히 깨진다. 구성원들끼리 부딪혀서 깨지기도 하고, 뭔가를 집어 던져서 깨지기도 하고, 비둘기가 날아와서 부딪혀 깨지기도 한다. 이럴 때 조금이라도 지체하면 직원들이 재미삼아 유리창을 깰 수도 있다. 그러면 나중에 어떻게 될지는 상상에 맡긴다.

유리창이 깨지지 않을 수는 없다. 아무리 강화유리로 교체 하더라도 깨진다. 깨지는 것을 두려워하고 속상해 할 것이 아니라 최대한 빨리 흔적 없이 갈아 끼우는 방법을 고민해야 할 것이다. 유리창을 갈아 끼울 때마다 고민하여 달인이 될 정도로 빠르게 갈아 끼우는 방법을 찾아보기 바란다. 그러다 보면 머지않아 일반 유리인데도 강화유리보다 더 강한 유리로 착각될 정도의 튼튼하고 아름다운 창으로 보일 것이다. 이번 주말에는 늦었지만 베란다 공사를 맡길 기술자부터 찾아봐야겠다.

· · · · · ◇ · · · · ·

작은 일이라고 해서 허심대 넘기지 마라.
그 일이 아니고, 어떻게 이어질지는 아무도 모르기 때문이다.

금언

· · · · · ◇ · · · · ·

6강

—

브레이크를 밟게 하는 직원

성군 옆에는 아첨꾼이 아니라 충신이 있었다. 충신의 충언이 역사를 만들었다. 임원에게도 발걸음이 엇나가면 브레이크를 밟게 하고, 내려서 주위를 살펴보게 하는 직원이 필요하다. 그 직원이 새로운 역사를 함께 쓸 것이다.

"건방지게 어떻게 그런 말을 하는 거야."

"내가 다 알아서 할 테니까 신경 쓰지마."

"듣기 싫어."

이런 말을 하는 임원이라면 그는 이미 귀를 막은 임원이다. 좋은 이야기만 듣고 싶어서 쓴 소리가 들리는데도 억지로 듣지 않으려고 한다. 그런데 이 막힌 귀가 뚫려 있도록 하기 위해 옆에서 꾸준히 노력하는 직원이 있다면 엄청난 행운을 얻은 것이다. 그런데도 그 행운을 불행으로 생각하는 임원이 많다는 것은 안타까운 일이다. 그런 노력을 하는 직원이라면 분명히 누구보다 회사의 발전을 바라며, 보다 다양한 관점에서 문제를 객관적으로 바라보는 시각을 지녔을 것이다.

내가 아는 어떤 대표이사가 씁쓸하다는 듯이 이런 말을 한 적이 있다. "입에 발린 아첨 섞인 얘기인데도 듣기는 좋더라. 그리고 토를 다는 직원보다는 시키면 시키는 대로 하는 직원에게 더 정情이 가더라." 물론 어느 한 사람의 말이지만 높은 자리에 오른 사람이라면 누구나 느끼는 감정일 것이다.

그런데 여기에 씁쓸함이 느껴진다. 듣기 좋은 말은 달콤한 유혹이라고도 할 수 있다. 유혹에 빠져 본 사람은 안다. 달콤함에서 빠져 나오는 것이 아주 힘들다 보니 그냥 유혹에 빠져있게 된다. 그러다 보면 어느새 주위에는 그에게 좋은 말만 골라서 하는 사람들만 모여 있게 된다. 그리고 그들은 높은 울타리를 쳐서 당신을 보호하는 것이 아니라 당신을 빠져 나가지 못하게 가서 감옥을 만든다.

임원이면 상대방의 이야기가 나를 위한 이야기인지, 그저 감언이설甘言利說인지 판단할 수 있어야 한다. 임원이라고 늘 옳은 판단만 하는 것은 아니다. 그래서 잘못된 판단을 했을 때 그것을 알려주는 직원이 필요한 것이다. 그러한 누군가가 옆에 없다면 외로운 일이다. 그 외로움은 자신을 점점 외골수로 만들어 자신의 모든 판단이 옳다고 생각하게 만들 수 있다. 누군가 귀에 거슬리는 이야기를 시작하려고 하면 아예 시작조차 못하게 만들어 버리게 된다.

이러한 임원들은 현재 상황에서 동떨어지고 적절치 않은 의사결정을 하는 경우를 만든다. 직원들도 적절치 않은 의사결정이라는 것을 알면서도 아무도 얘기하지 않고 그냥 따라간다. 결국 문제가 터져서 알게 되기를 바라는 것이다. 그렇게 무관심이 팽배해지게 된다. 도대체 그 임원이 얼마나 멀리 있기에 그렇게 하는 것일까.

진정으로 회사의 발전을 바란다면 귀부터 열어라. 귀를 열면 마음도 열린다. 회사를 벗어나 개인적인 관계이면 좋은 얘기만 골라서 듣는다고 뭐라고 할 사람은 아무도 없다. 그런데 이곳은 회사다. 회사는 내가 아닌 우리가 함께하는 공간이다.

나이가 많지만 아직 현업에 재직하고 있는 사람들을 만나 대화를 나눌 때 그들에게 공통적으로 느끼게 되는 점은 '난 잘났다, 내가 다 옳으니까 무조건 순응하라'는 식의 반응이다. 그것이 정치 문제든 사회 문제든 경제 문제든 간에 그만큼 나이가 들고, 지위가 오를수록 귀는 더 열기 힘들다는 것을 단적으로 보여 준다. 그런 사람들은 우선 남의 얘기는 잘 안 듣는다. 그리고 상반된 의견이라도 나오면 그것에 대해 목숨을 걸 것처럼 항변한다. 이것이 스스로 고립된 그들의 모습이고 또한 주위에 진정으로 그를 위하는 사람이 없다는 사실을 보여 주는 것이다.

나 역시 자꾸만 귀를 막고 스스로 고립되려는 경향이 있다. 그래서 귀가 막힐 것 같으면 귀를 뚫을 드릴을 갖고 다니는 사람을 얼른 가까이 한다. 나에게 진심 어린 충고를 할 사람이 있어 다행이다. 그 드릴은 강력하면 강력할수록 좋다. 내가 싫다고 해도 필요한 때면 드릴을 강하게 들이댄 사람, 시간이 지나고 나면 그 사람에게 더 정이 간다.

7강

남의 바지가 나한테 맞으라는 법은 없다

임원은 다른 회사가 자랑 삼아 이야기하는 제도나 문화를 듣게 되는 경우가 많다. 대부분 좋은 내용들일 것이다. 그것을 듣고서 무작정 적용하려 한다든가 직원들에게 강요하는 경우가 있다. 그러다가 바지가 터질 수 있는 데도 말이다.

내가 대학생일 때만 하더라도 양복이라 하면 맞춤양복이 대부분이었다. 그래서 양복점의 수도 많았다. 하지만 지금은 오히려 맞춤양복을 찾기가 더 어렵다. 거의가 기성복이다. 기성복 브랜드만 수십여 개이며, 종류 및 색상, 사이즈 등이 맞춤양복 못지않게 다양하게 나온다. 굳이 맞추지 않더라도 내 몸에 맞는 옷을 손쉽게 고를 수 있다. 그런데 몸이 좀 뚱뚱하거나 팔이 길다든가, 허벅지가 굵다든가 하는 사람들은 기성복이 아무리 잘 나왔더라도 맞춤양복을 찾는다. 물론 수선이 다 되지만 수선을 한다고 해도 잘 안 맞는 경우가 더러 있기 때문이다.

그러한 이유가 아니라도 나한테 더 잘 맞는 옷을 원하는 사람들은 여전히 맞춤양복을 찾는다.

우리 회사만의 문화를 다른 회사 사람들을 만났을 때 소개하면 "우와, 좋은 제도입니다. 우리 회사도 도입하고 싶습니다. 언제 시간 내 주시면 찾아가서 구체적으로 내용을 듣고 싶습니다"라고 반응을 보이는 경우가 많다. 그리고 실제로 방문하여 장시간 그 내용을 듣고 꼼꼼히 메모까지 한다. 나 또한 다른 회사 사람들을 만나 그 회사의 좋은 제도를 듣게 되면 도입하고 싶다는 생각을 먼저 하게 된다. 가만히 생각해보면 실제로 해당 회사의 운영에 있어서는 장단점이 있을 텐데도, 남에게 얘기할 때는 대부분 장점만 얘기한다. 그것도 아무런 문제점 없이 잘 운영되는 것처럼 자랑 아닌 자랑을 한다.

좋은 제도나 문화에 대해 벤치마킹을 한다는 것은 좋은 시도이다. 그런데 도입해야겠다는 생각을 하기 전에 먼저 회사의 현재 환경을 고려하는 것이 우선된다면 더 좋을 것이다. 과연 우리 회사의 환경에 적합한 것인지를 먼저 따져봐야 한다. 아무리 좋은 제도라도 우리 조직에 도입하기 위해서는 주도면밀한 검토 과정이 요구된다.

정부의 정책 중에 실패한 사례들이 매스컴을 통해 낱낱이 밝혀지는 경우를 종종 볼 수 있다. 실패한 사례 중에는 무작정 해외의 선진 사례를 벤치마킹한 경우가 의외로 많다. 그러한 정책이 다른 나라에서 실패한 것이라면 관심의 대상이 되지 않았을 것이다. 한편 아무리 성공한 사례라 하더라도 어느 나라를 막론하고 성공을 담보할 수는 없다. 환경이 다르기 때문이다.

대기업이나 소위 잘 나가는 회사에서 운영하는 제도는 무조건 좋을 것이라는 선입관은 작은 조직일수록 더 팽배해져 있다. 또 대기업의 제도 등을 배우기 위해 대기업에 다녔던 사람을 채용하는 경우도 있다. 그런데 중소기업에서는 인재를 선발하는 기준이 상대적으로 취약하다 보니 대기업에 다녔다는 이유만으로 검증이 안 된 사람을 뽑아 오히려 이런저런 시도만 하다가 원점으로 돌아가거나 망가지는 경우가 의외로 많다.

좋은 제도들은 각종 세미나나 자료 등을 통해 얼마든지 접할 수 있다. 하지만 우리 환경에 적합한 맞춤으로 만드는 것이 중요하다. 아니면 더욱 우리 환경에 적합한 것을 찾아내야 한다. 이것은 몸에 맞는 기성복을 찾는 것과 같다. 그런데 조직 환경은 체형처럼 어느 정도의 모양이 갖추어져 있지 않고 시시때때로 변화하기 때문에 딱 맞는 기성복을 찾는 데는 어려움이 있다.

맞는 옷을 찾는 것도 어려운 데 그저 남의 바지를 내가 입겠다고 나서면 그 바지가 맞을 리가 없다. 오히려 잘못하면 바지가 터진다. 임원들은 사람들을 많이 만난다. 만나다 보면 관심이 가는 제도가 생기는 경우가 많이 있다. 그럴 때 그것을 듣고 와서 바로 내뱉어 뭔가를 시도하려 하지 말고 충분히 고민한 후 도입의 효과가 있다고 생각되면 그때부터 다시 담당자를 지정하여 처음부터 검토를 시켜라. 그러면 기성복이든 남의 바지든 나한테 맞는 것이 될 수 있다.

남의 바지를 쉽게 얻어 입으려 하지 말고, 적어도 내 체형에 맞게 수선이라도 해라. 언제 찢어질지 모르는 불안한 마음으로 다니지 않으려면 말이다.

8강

—

아낀 만큼 **여유**롭다

경비절감은 꼭 해야 하는 것이다. 더 중요한 것은 강압에 의한 것이 아니라 자연스럽게 이루어져야 하는 것이다. 그런 분위기를 만들 수 있는 사람이 임원이다. 의외로 쉬운 일이다. 집에서와 마찬가지로 윗사람이 솔선수범 하면 된다.

이런 이야기를 들은 적이 있다. 경비절감을 한답시고 이면지를 위한 이면지를 만든단다. 이면지를 활용하라고 회사에서 강제로 지침을 내리니까 이면지가 없어서 이면지를 일부러 만들고 그것을 이면지라며 쓴다고 한다. 이 얼마나 얼토당토않은 일인가. 이것을 경비절감이라고 하고 있는 회사는 천장에서 비가 새듯 여기저기에서 비용이 새는 것을 못 볼 가능성이 높다.

경비절감은 강제로 하는 것이 아니고 눈에 보이기 위해 하는 것도 아니다. 또한 경비절감은 입으로 외친다고만 되는 것도 아니다. 습관화 되어야 한다. 그리고 작은 것에만 신경을 쓰다가 큰 것을 놓치는 경우가 많다.

우리 회사는 '연중 경비절감 캠페인'을 연초年初에 선언한다. 그리고 회사에서 일방적으로 정하는 것이 아니라 직원들이 참여한 가운데 구체적으로 항목을 정하고 목표수준까지도 정한다. 즉 습관화하기 위한 과정이다. 이렇게 몇 해가 지나고 나니 직원들에게 자연스레 경비절감이라는 개념이 잡힌 듯하다.

우선 무엇을 두고 경비절감이라고 하는지를 알아야 한다. 남이 시켜서가 아니라 스스로 어떠한 부분을 아껴야 하고, 예기치 못한 손실이 발생하지 않도록 신경 써야 하는지를 깨우치는 것이다. 강제성이 따르면 그것은 엄밀히 말해 경비절감이 아니다. 스스로가 어느 곳에서 어떻게 비용을 줄이는 것이 경비절감 인지를 인식하는 것이 중요하다. 그렇게 되면 저절로 연중 경비절감 캠페인이 이루어지게 된다.

한편 또 하나의 착각은 볼펜을 아끼고, 불필요한 전등을 끄고, 계단으로 다니는 것만이 경비절감이라고 생각하는 것이다.

그런데 사실 이보다 더 신경 써야 할 경비절감은 불필요한 회의를 한다든가, 불필요한 보고서를 만든다든가, 의사결정이 너무 늦는다든가, 정확한 업무지시가 안 된다든가 하여 보이지 않는 손실이 발생하는 것을 바로 잡는 것이다. 이것이 더 큰 경비절감이다.

몇 가지만을 나열했지만 실질적인 경비절감의 예는 찾아보면 의외로 많을 것이다. 이처럼 눈에 잘 보이지 않는 부분들이 훨씬 더 큰 손실을 불러올 수 있다. 그런데 여러 회사를 다녀보면 이러한 부분을 강조하여 포스터를 걸어 놓는다든가 하는 경우는 거의 눈에 띄지 않는다. 대부분의 회사들은 '전등을 끄고 퇴근 합시다', '이면지를 사용합시다', '3층 이하는 걸어서 다닙시다' 등의 문구를 붙여 눈에 보이는 것만을 강조하고 있다.

그렇다면 임원에게 있어서 경비절감은 어떤 것인가. 바로 앞서 나열한, 눈에 잘 보이지 않는 손실을 찾아 그것을 줄일 수 있도록 하는 것이 임원의 경비절감이다. 한 회사의 경비절감의 50퍼센트 이상은 임원으로 인해 좌지우지된다고 해도 과언이 아니다. 이는 절대 과장이 아니다. 임원이 불필요한 회의를 줄여주고, 소통이 잘 이루어지게 하며, 명확한 업무지시를 하고, 적절히 일의 진척 정도를 파악하고, 결재판을 쌓아두지 않는 빠른 의사결정을 함으로써 직원들이 신나게 일할 수 있도록 한다. 즉 윤활유 같은 역할을 하는 것이다. 이보다 더 큰 경비절감이 어디 있겠는가.

임원들이 이러한 생각으로 솔선수범 한다면 당연히 비용은 줄어들고 상대적으로 이익은 늘어난다. 그렇게 되었을 때 임원도 매출이나 이익으로 인한 스트레스로부터 조금은 더 자유로워질 것이며, 그 여유를 통해 직원들을 한 번 더 신경 쓰게 될 것이다. 또한 더 알찬 아이디어를 내는 데에도 강한 몰입을 할 수 있다. 즉 조금은 여유롭게 임원의 역할을 수행할 수 있게 된다. 더불어 직원들은 더 기분 좋게 일하게 될 것이다.

경비절감은 거창한 것이 아니다. 내 마음속에 경비절감이라는 것을 어떻게 개념화 하느냐가 중요하다. 큰 것만을 아끼라는 것이 아니라 큰 것이든 작은 것이든 아낄 수 있는 것은 아끼는 것이 중요하며 그것은 작은 실천에서부터 시작된다.

나는 오래된 수첩 하나를 보관하고 있다. 그 수첩은 내가 신던 구두가 아니다. 예전에 다니던 회사 사장님의 구두다. 사장님이 해질 정도로 닳은 구두를 새것으로 바꾸신다고 해서 내가 대신 버리겠다고 하고 가져와서 그것을 버리지 않고 보관해 두었다. 그 사장님은 그 구두가 그렇게 낡아 떨어지기 전에 새 구두로, 그것도 값비싼 구두로 얼마든지 바꿀 만한 여유가 있었다. 그런데도 몸에 배인 검소함으로 그 낡은 구두를 세상에서 제일 값진 구두로 아끼셨다. 복잡한 우리 집 신발장 한자리를 차지하고 있는 먼지 앉은 그 구두를 지금도 가끔씩 꺼내서 본다. 그리고 나 또한 검소한 습관을 갖도록 노력할 것을 다짐한다.

9강

—

너무 빨리 달리지 않는다

　너무 빨리 달리다 보면 정작 봐야 할 아름다운 곳은 놓치고 앞만 보게 된다. 쉴 줄 아는 임원이 더 멀리, 그리고 함께 갈 수 있다. 너무 지쳐서 털썩 주저앉기 전에 쉬어라. 쉬는 것도 테크닉이다. 그 또한 키울 수 있으면 키워라.

　휴가철이 되면 잡지마다 유명 CEO의 여름휴가를 보내는 방법이나 내용이 소개된다. 공통된 주제는 휴가의 중요성이다. 바쁠수록 쉬어 갈 것을 이야기하고, 잘 쉴 것을 이야기한다. 휴가철이 되면 나는 만나는 사람들에게 휴가를 가는지 물어본다. 그때 많은 사람들은 바빠서 못 간다고 한다. 물론 내가 만나는 사람 중에 바쁜 사람들이 많긴 하다.

　그런데 더 바쁜 사람들도 휴가를 간다. 휴가는 일반적으로 재

충전의 의미를 가지고 있다. 휴가를 다녀와서 더 많이 일하고 더 열심히 하면 되는데도 안 간다. 아니 바빠서 못 간다고 한다. 가만 생각해 보니 이유가 있었다. 그 이유는 '불안감'이었다. 내가 없으면 안 될 것 같고, 휴가 다녀올 동안 뭔가 많이 뒤쳐질 것 같은 불안감 때문이다. 불안감과 휴가 다녀올 동안 뭔가 많이 뒤쳐질 수도 있다는 생각을 하기 때문이다. 1년은 365일이다. 일할 수 있는 날은 충분하다. 하지만 365일을 모두 일할 수는 없다.

내가 휴가를 가라고 권유하는 가장 큰 이유는 혼자만의 시간, 즉 자신을 되돌아보는 시간을 가지길 바라기 때문이다. 회사의 업무 더미에서 한 발 물러나서 자신도 돌아보고 회사도 한 번 돌아보라는 것이다. 그 속에 있을 때와는 분명 다른 것을 느낄 수 있으며, 안 풀리는 문제도 풀릴 수 있다. 휴가를 권유하는 또 다른 이유는 너무 지쳐 넘어졌는데, 더 이상 일어날 힘이 없어 못 일어나는 일이 없도록 해야 하기 때문이다.

나는 개인적으로 노트북이나 일거리를 들고 집으로 퇴근하는 임원을 싫어한다. 집에서는 가족에게 충실하고, 회사에서는 회사 업무에 충실한 것이 제일 좋은 모습이고 현명하다고 생각하기 때문이다. 어느 날 텔레비전을 보다가 이승엽 선수의 인터 뷰를 보고 깜짝 놀란 적이 있다. 이승엽 선수 특유의 말투 속에 담긴 엄청난 메시지가 내 머릿속을 핑 돌게 했기 때문이다. "야 구 할 때는 야구만 생각하고, 집에 가면 야구 생각은 아예 안 합 니다"라고 하는 것이 아닌가.

그 때 당시 이승엽 선수는 20대의 나이였다. 그 젊은 나이에 그렇게 생각한다는 것이 대단해 보였다. 그냥 야구선수도 아니 고 세계 최고의 야구선수라고 해도 과언이 아닐 정도의 야구선 수가 집에 가서는 야구 생각을 안 한다는 말에 믿기지 않을 정도 로 충격을 받았다.

이승엽 선수의 인터뷰를 본 후부터 나는 회사 일을 집에까지 갖고 가지 않으려고 노력했다. 그 노력 덕분에 지금은 그게 습관 이 되었다. 그렇다고 해서 일이 더 밀렸다든가 문제가 터진 경우 는 없다. 임원의 속도가 회사의 속도가 되기도 하지만 그렇다 고 무조건 빨리 달려야 하는 것은 아니다. 현재의 조직 환경은 변화에 뒤처지면 끝장이라고 나는 짓처럼 변화를 외쳐댄다. 세 상이 아무리 빠른 변화를 따라가라고 채찍질을 하더라도 내 페

이스는 내가 지켜야 한다. 단거리가 아니라 이미 마라톤을 시작했기 때문이다.

한 박자 쉬어가면 오히려 목표에 도달하는 시간을 줄일 수 있다. 한 박자를 잘 쉬는 것도 능력이다. 그래서 '휴休테크'라는 말이 나왔을 것이다. 나무꾼이 쉴 새 없이 나무를 패는 것보다 쉬면서 무뎌진 도끼날을 갈면서 나무를 패는 것이 훨씬 더 많은 나무를 넘어뜨린다는 것을 생각해야 한다.

구두끈이 풀러진지도 모른 채
앞만 보고 뛴다한들 1등을 할 수 있을까?
가끔은 내려다보고 구두끈을 점검할 필요가 있을 것이다.

하워드 슐츠 Howard Schultz _ 스타벅스 회장

10강

—

평가는 한 겨울 냉수마찰 때처럼
맑은 머리로

인사평가만큼 어려운 일이 없다. 왜냐하면 평가에는 편견과 선입관 등이 많이 개입되기 때문이다. 소위 평가의 오류를 없애려면 내 머릿속을 맑게 할 필요가 있다. 머릿속에 남아 있는 감정의 찌꺼기를 버리고 난 후에 펜을 들어라.

평가는 참으로 어렵다. 평가자가 되어 본 사람은 아마 비슷한 생각일 것이다. 평가가 어려운 이유를 곰곰이 생각해보니 평가 그 자체가 어려운 것은 아니었다. 평가 밑바닥에는 '객관성과 공정성'이 담보되어야함이 있기 때문에 그 부담감으로 인해 어려움을 느낀 것이다. 특히 '객관성'에 부담이 컸다.

'객관성'이라는 말의 사전적 의미를 보면 '주관으로부터 독립하여 존재하는 대상 자체에 속하여 있는 성질'이다. 역시 어려운 말이다. 사람의 감정을 어떤 식으로든 통제하여 독립시킨다는 것은 쉬운 일이 아니다. 그렇다면 '객관성'의 기준은 과연 무엇인가. 주관으로부터 어느 정도 독립을 해야만 객관성이라 할 수 있는가. 이것은 더 어렵다. 이것만 보더라도 평가는 어려운 것이라 단정 짓게 된다. 평가는 지극히 주관적일 수밖에 없는 것을 개인의 머리 깊숙한 곳에 '객관성'이라는 의식을 심고, 끊임없이 방해하는 주관으로부터 독립한 기준으로 하는 것이다.

물론 객관적인 평가를 위해서 시스템이나 각종 문서로 평가 오류들을 보완할 수는 있지만 결과적으로 최종적인 결정을 하는 것은 평가자의 몫이다. 이렇게 어렵고도 복잡한 평가를 어떠한 다짐 없이 진행한다면 평가자는 평가 오류에 빠지기 쉽다. 개인적인 감정이나 편견, 선입관 등이 평가에 끼어들 가능성이 높다.

군대 생활을 해 본 사람이면 겨울에 한두 번씩은 냉수마찰을 해 봤을 것이다. 몸이 얼어붙을 정도로 추웠던 기억도 있겠지만 그것보다도 머릿속이 깨끗해지는 기분을 느껴봤을 것이다. 참 신기한 일이다. 살갗을 에는 듯한 추위 속에서 왜 머리가 맑아지는지 아직도 그 이유를 모르겠다. 하지만 그때만큼 머리가 맑아지는 기분을 느껴본 적은 없는 것 같다. 그렇게 맑은 상태의 머리로 평가를 한다면 '객관성'에 최대한 근접할 수 있을 것이라는 생각이 든다.

꼭 냉수마찰을 하라는 것이 아니다. 그만큼 평가는 공정하고 객관적이어야 한다는 것을 강조하기 위한 말이다. 평가지를 받았을 때 머릿속에 남아 있는 감정의 찌꺼기들로 인해 볼펜을 함부로 움직이지 않아야 한다. 그 볼펜의 움직임으로 조직 전체를 오합지졸로 만들 수 있기 때문이다.

짧게는 프로젝트 단위, 길게는 1년 단위로 평가를 하게 되는데, 해당기간 동안 피평가자가 어떤 노력을 했는지 어떠한 성과를 올렸는지를 공정하게 평가함으로써 반성을 이끌고, 또한 격려와 칭찬을 할 수 있고, 더불어 적절한 보상을 할 수 있다. 평가에 대해 오해가 있다면 이것저것 헤집고 따져서 직원의 부족한 부분을 찾아 기를 꺾는 것이 아니라 잘한 부분을 찾아 동기부여를 하는 것이 우선임을 명심해야 한다. 이것을 알고 평가를 하면 어떤 기준으로 어디에 초점을 맞춰 평가해야 하는지 보다 명확해 질 것이다.

우리 회사는 신상필벌信賞必罰을 명확하게 한다. 1년에 두 번 정도 포상을 한다. 너무 자주 하지 않는다는 기준이 있다. 그리고 포상을 할 때는 포상위원회를 열고 대상자를 엄격하게 선발한다. 여러 회사에서 포상은 직원들 간에 나눠 먹기식이거나 의례히 나이든 사람부터 대상이 되는 것으로 생각하는 경우가 많다. 우리 회사는 이러한 인식이 애초에 생기지 않도록 했다. 그래서 포상을 할 때는 수상자를 전 직원 앞에 세우고 그 포상의 이유를 발표한다. 대부분의 포상 이유는 장황하다. 그런 장황한 이유 없이는 포상 대상자가 될 수 없음을 공표하는 것이다. 더불어 근태 불량자나 저평가자에 대해서도 명확한 이유를 설명하고 그에 따른 불이익 처분을 내린다.

처음에는 위화감이 생기고 불만도 있었지만 지금은 자연스럽게 회사에서 내세울만한 문화로 자리 잡았다. 상을 받기 위해 노력하는 직원들도 상당하다. 특히 우리 회사만의 가장 큰 특징은 연말이면 모든 직원들이 1년 동안 최고로 칭찬받아야 할 직원을 한 명씩 추천하고 그 중에 최고로 칭찬받아야 할 직원을 뽑는 것이다. 발표할 때 '인생 최고의 상'이라고까지 칭하고, 그 상을 받은 직원은 이름에 걸맞게 눈물을 흘릴 정도로 기뻐한다. 회사에서 상 하나 받는 것일 뿐인데, 눈물까지 보인다고 하면 잘 이해를 못할 수도 있다. 그만큼 우리 회사는 포상의 기준을 명확하게 정립했다는 것이다. 물론 부상도 그 상의 가치에 부합되도록 기대이상으로 준비한다.

이처럼 평가에는 바늘 가면 실 가듯이 보상이 따른다. 평가를 보상을 위한 전단계라고 해도 무리가 없을 것이다. 그 평가의 중심에 있는 임원이야말로 강원도보다 훨씬 더 추운 남극에서 냉수마찰을 하는 것처럼 맑은 정신으로 펜을 들어야 할 것이다. 그렇지 않으면 회사의 근간根幹이 흔들릴 수도 있다.

11강

—

잘 들어 주면 만 냥 빚도 갚는다

> 임원의 큰 역할 중의 하나는 직원들의 이야기를 들어 주는 것이다. 직원들은 늘 소통에 대한 갈증이 있다. 마실 물까지도 권하고 이야기를 하게 하라. 들어 주기만 해도 갈증이 해소되는 경우가 많을 것이다. 입보다는 귀를 높은 지위에 앉혀 보길 바란다.

조물주가 귀를 두 개나 만든 데에는 이유가 있다. 잘 들으라고 만든 것이다. 그런데 문제는 듣기는 하는데 제대로 안 듣는다는 것이다. 상대방의 이야기를 다 듣는 것이 아니라 귀를 열었다 닫았다 한다. 스스로 생각하기에 자신의 위치가 높다고 생각하는 사람들이 대체적으로 더 그렇다. 임원도 여기에 포함된다고 볼 수 있다. 그리고 내 마음대로 귀를 닫았다 열었다 하는 것을 상대방은 모를 것이라고 생각한다. 하지만 절대 아니다. 상대방은 대화하면서 이 사람이 귀를 막았는지 열었는지 다 알 수 있다. 상대방도 귀를 갖고 있기 때문이기도 하지만 귀보다 더 중요한 마음으로 느끼기 때문이다.

남의 이야기를 잘 안 듣는 사람들은 성격이 아주 이기적이다. 그래서 상대방의 관심사나 상대방의 고민보다는 내 이야기가 더 중요하다고 생각하기 때문에 다른 사람의 이야기를 잘 안 듣는다. 그리고 내 이야기를 더 하고 싶어 하고, 내 주장을 더 강하게 하고 싶어 한다. 한편 귀를 입보다 높은 지위에 두라고들 한다. 실제로 귀가 입보다 높은 위치에 있는 이유는 상대방이 말하는 것에 대해서 집중하고, 그 말에 대해서 진심으로 이해하고 받아들이는 자세를 가지라는 이유에서이다. 게다가 입은 하나이고 귀는 두 개이지 않은가.

예를 들어 고객이나 직원과의 대화에서 내가 잘 들어주면 대화가 끝난 후 그들과 많이 가까워졌음을 느낄 때가 있다. 굳이 인간적인 면을 보이거나 대단한 칭찬을 하지 않더라도 상대방은 자연스럽게 나에게 호의를 가지게 되고, 친근하게 다가온다. 이 쉬운 일을 안 한다면 막힌 귀를 뚫어야 하는 대수술(?)이 불가피 해진다.

겉으로 드러내서 표현하지는 않지만 직원들은 상사와 이야기를 하고 싶어 한다. 상사의 생각이 궁금하기도 하고, 자신의 상황에 대해 이야기하고 싶기도 하다. 예를 들어 자신이 하는 일에 대해서, 하는 일의 중요도에 대해서, 힘들어 하는 부분에 대해서, 그리고 회사에 대해 느끼는 부분에 대해서, 젊은 시절의 인생관에 대해서 등 그 외에도 여러 가지가 있을 수 있다. 특히 임원에 대해서 직원들은 부모님이나 형님 같은 존재로 생각하기도 한다. 그러다 보니 꼭 무엇인가를 이야기하고 고민이 해소되거나 해결되기를 바라는 것이 아니라 '대화하는 그 자체'만을 원하기도 한다. 즉 대화의 자리가 좋고, 그렇기 때문에 들어주기를 바라는 것이고 들어줄 사람이 필요한 것이다.

그런데 직원이 먼저 임원에게 면담이나 대화를 요청하는 경우는 뭔가 일이 있을 때이다. 그런 경우보다는 먼저 임원이 대화의 자리, 들어주는 자리를 많이 만드는 것이 좋다. 그 자리는 꼭 격식이 갖춰진 자리를 말하는 것이 아니다. 어떤 자리든 많이 들어줄 수 있는 자리면 괜찮다. 그래서 대화의 자리가 어색하고 불편한 자리가 되지 않도록 해야 한다. 자주 자리를 만들다 보면 편한 자리가 되는 것은 오래 걸리지 않는다.

그런 자리를 많이 만들면 만들수록 임원은 더 존경 받게 된다. 이런 욕구가 있는 임원은 누구보다도 고상한 욕구를 가진 임원이라고 할 수 있다. 직원들이 말을 많이 하도록 하여 목마름을 느끼게까지 한다면 그 임원은 '경청'에 일가견이 있는 사람이다. 게다가 목을 축일 물까지 준비하는 임원이 있다면 그 회사는 미래를 두려워하는 일은 없을 것이다.

'말만 잘 하면 천 냥 빚을 갚는다'는 속담이 있다. 이 속담 또한 담고 있는 의미가 크다. 한편 잘 듣는 것에 대한 속담도 있는지는 모르지만 쉽게 떠오르지는 않는다. 그래서 이런 속담 하나가 생겼으면 좋겠다는 생각이 든다.

'잘만 들어 주면 천 냥이 아니라 그 열 배인 만 냥 빚도 갚는다.'

12강

—

예의는 **윗사람부터** 지키는 것이다

예의를 지키는 데에는 순서가 없다. 꼭 아랫사람이 먼저 지키란 법은 없다. 그렇다면 윗사람부터 예의를 지켜보라. 너무나 쉽게 예의 바른 조직 문화가 형성될 것이다. 내일 아침 신입사원 때처럼 먼저 큰 소리로 인사해보라. 얼마나 큰 변화가 일어날지.

'윗물이 맑으면 아랫물도 맑다', '부모가 효도하면 자식도 따라서 효도한다'라는 말은 자주 들어본 말이다. 윗사람이 본보기가 되어야 함을 강조한 말들이다. 그런데 우리 사회는 예의라는 것을 말 할 때 꼭 아랫사람이 지켜야 하는 것으로 몰아가고 있다. '버릇없는 직원', '예의 없는 직원'이라는 표현만 보더라도 그렇다. 그런데 사실 예의는 윗사람부터 지키는 것이다. 당연히 윗사람이 먼저 예의를 지키면 아랫사람은 그것을 보고 배우게 된다. 물론 그것을 배우지 못했을 때는 또 어른으로서 제대로 알려줘야 한다. 예의의 출발점은 인사이다. 인사는 글자 그대로 '사람人이 하는 일事'이며, 사람만이 할 수 있는 것이다.

인사를 잘 한다는 것은 예의 바른 행동의 기초가 된다. 또한 그냥 하면 되는 것이 아니라 마음, 행동, 인사말이 일치가 되어야 제대로 된 인사가 된다. 우리 회사는 신입사원이든 경력사원이든 입사하면 인사하는 방법부터 다시 교육한다. 이미 다 아는 것 같지만 제대로 아는 경우가 많지 않기 때문이다.

단순히 인사의 방법이나 종류를 가르치는 것이 아니다. 인사를 할 때 가져야 할 마음가짐부터 상황에 맞는 인사법, 상대방을 고려한 인사법은 물론 몸가짐까지 가르친다. 그렇게 하는데도 어느 때에는 유치원생의 배꼽인사보다도 못한 인사를 하는 직원이 간혹 있기도 하다. 인사도 윗사람부터 잘 하면 부하직원들은 저절로 잘 하게 된다. 임원이 아침에 출근하면서 큰 소리로 "안녕하십니까?"라면서 며칠만 인사를 하면 직원들도 그렇게 따라할 것이다. 그리고 임원에게 인사가 중요한 데에는 또 다른 이유가 있다. 인사를 받는 것도 중요하기 때문이다. 직원이 인사를 하면 잘 받아야 한다. 잘 받는다는 것은 같이 고개를 숙여 인사를 하라는 것만이 아니라 인사말을 잘 하라는 것이다. '잘 지냈느냐, 별일 없느냐, 요즘 많이 바쁘지, 고생이 많다' 등 얼마나 간단한 말인가. 여기에 직원의 이름까지 붙여서 인사를 한다면 금상첨화錦上添花이다.

그런데 이름을 잘 못 외우는 사람들이 많다. 나는 사람 이름을 잘 외우는 편이다. 그래서 이름을 잘 못 외우는 사람을 잘 이해하지 못한다. 잘 못 외우면 그만큼 노력하면 된다. 이름을 불러줘야 비로소 그 사람이 직원이 된다고 생각하면 안 외울 수 없을 것이다. 노력하는데 안 되는 것이 어디 있는가. 군대에서는 화장실에서까지 고참들의 이름을 외우지 않았던가.

한편 상황에 맞는 인사법을 몸소 실천해야 한다. 상喪을 당한 직원이나 결혼한 직원, 건강이 나빠진 직원, 집에 무슨 일이 있는 직원들에 대해서는 특별히 챙기는 것이 마땅한 일이다. 특별히 챙긴다는 것은 그 사람을 만났을 때 적절한 인사말을 건넨다는 것이다. 그게 관심이다. 인사말 한마디로 인해 그 직원은 자신이 임원으로부터 관심을 받고 있다고 느끼게 된다.

임원이 먼저 그렇게 하면 직원들이 결혼이나 승진, 명절 같은 때에 임원에게 인사를 안 하는 버릇없는 경우는 발생하지 않을 것이다. 임원이 먼저 모범을 보이지 않고, 직원들이 안 한다고 해서 '버릇없다, 서운하다, 기분 나쁘다'고 할 수는 없다. 이 또한 누워서 침 뱉는 것과 다를 바가 없다.

그리고 직원이 잘 모르고 행동하면 어른으로서 가르쳐라. 그냥 두면 나중에는 다른 직원들까지 따라 하게 된다. 그리고 그것이 문화가 된다. 회사 내부에서뿐만 아니라 밖에서도 잘못된 행동을 하면 모두 임원의 책임이 된다. 각 가정에서 자식이 밖에서 버릇없는 행동을 하면 부모님에게 교육의 책임이 돌아가는 것과 마찬가지이다.

임원들조차도 부친의 장례를 치르고 출근해서 문자메시지로 그 인사말을 대신 하는 것을 본 적이 있다. 돌아가신 부친이 다시 와서 뒤통수를 치면서 혼낼 일이다. 찾아뵙고 인사를 못 하면 전화라도 드리고 그것이 힘들면 편지라도 써야 한다. 아버지를 잃은 슬픔을 함께 나눈 사람한테 그 정도의 예의를 지켜야 하는 것은 당연한 일이다. 신혼식 후에도 마찬가지이다. 문자 메시지로 답례를 대신할 수는 없다. 직원들에게 바로 그러한 것을 가르치라는 것이다.

인사를 제대로 하고 제대로 받는 것만 되면 다른 '비즈니스 에티켓'은 저절로 지켜진다. 임원부터 인사 예절을 지켜보기 바란다. 돈 안 들이고 사람을 내 편으로 만드는 가장 손쉬운 방법이 인사이다. 인사로부터 직원들과의 교감이 시작된다. 그리고 그렇게 해서 어떤 변화가 일어나는지를 확인해 보기 바란다.

13강

외견外見도 존경심을 만든다

외모지상주의를 주장하는 것이 아니다. 단지 임원의 위치에 맞는 외견을 갖추기를 바라는 것이다. 당신은 임원이다. 그에 걸맞은 외견을 갖추기 위해 노력해라. 그 노력의 정도는 중요하지 않다. 존경심을 갉아먹을 정도의 외견만은 지양하라.

첫인상과 관련된 자료를 보고 깜짝 놀란 적이 있다. 첫인상을 좌우하는 데에 시각적 요인이 55퍼센트나 차지한다는 것이다. 외견, 표정, 자세, 태도, 동작 등이 시각적 요인이다. 이러한 시각적 요인은 친근감이나 신뢰감에도 영향을 미친다고 한다. 그래서 우리 회사에서도 시각적 요인으로 대표되는 복장이나 태도 등에 대해 조금씩은 통제를 가한다.

우선 정해진 기준을 인식하게 한다. 그런데도 자주 벗어난 경우에는 바로 잡아 준다. 그러다 보면 오해가 발생할 때도 있다. 그 오해 중의 하나가 '외모지상주의'를 주장하는 것으로 비춰질 수도 있다는 것이다. 분명 '외모지상주의'를 지지하는 것은 아니다. 직원 모두가 회사를 대표하는 사람이라는 것을 이해했다면 오해하지 않았을 텐데 말이다.

직장인으로서 해당 회사의 문화를 따르는 것은 당연한 일이다. 그렇다면 회사가 조직원에게 요구하는 외견外見의 기준은 최소한 지켜야 한다. 어떤 회사든 복장에 대한 문화는 존재하고, 그것을 따르는 것이 구성원으로서의 책임이다.

한 가지 더 중요한 것은 '각자의 위치에 맞는 외견을 갖추어야 한다'는 것이다. 엔지니어들 중에는 이러한 부분에 대한 개념이 희박하여 경시하는 경우가 더러 있다. '위치에 맞는 외견'을 적극적으로 수용해야 할 사람은 바로 임원이다. 임원이 보이는 외견을 통해서도 직원들은 존경심의 대상으로 평가하고 있다. 그런데 이것을 모르는 경우도 있고, 아예 무시하는 경우도 있다. '나는 그러한 것을 별로 중요하게 생각하지 않아. 그런 것까지 어떻게 다 신경을 써. 일 하기도 바쁜데' 이렇게 말하는 임원이 내 주위에도 있다.

이런 생각을 갖고 있다면 집에서 문 걸어 잠그고 혼자 일하는 것이 낫다. 재택근무가 허용되면 재택근무도 권할 만하다. 하지만 회사에 나와서 조직의 구성원이 되어 여러 사람과 함께 일을 하고, 그것도 임원이라는 직위를 가지고 고객을 포함하여 수많은 사람들을 만나지 않는가. 그런데 어떻게 본인의 기준대로 그렇게 할 수 있을까. 이런 것은 위험천만한 생각이므로 조금이라도 빨리 갈아치워야 한다.

외견을 잘 갖추는 것은 나를 위한 노력, 즉 자기 만족의 부분도 있다. 그러나 그것보다 훨씬 더 중요한 것은 상대방에 대한 배려임을 확인할 필요가 있다. 외견이라 함은 머리끝부터 발끝까지를 모두 말하는 것이며 여기에는 태도까지 포함된다.

이렇게 모든 부분에 신경을 쓰는 이유는 바로 상대방에 대한 배려가 우선되기 때문이다. 직원 중에 면도를 안 하고 온다든가 도저히 출근 복장으로 봐 줄 수 없는 옷을 입고 온다든가 하는 것이 눈에 띄면 이런 말로 충고를 한다. '길 가다가 첫사랑을 만났는데, 이런 모습이면 첫사랑이 어떤 인상을 할까.' 우리는 언제 어디서 어떤 사람을 만날지 모른다. 그런 것을 생각한다면 시간이 없어서 면도를 제대로 못했다는 핑계를 대면서 용기 있게 나다니지는 않을 것이다.

한편, 상황에 맞는 옷을 입는 데에도 신경을 써야 한다. 직원 결혼식에 정장을 안 입고 오는 임원, 등산할 때 운동화에 면바지를 입고 오는 임원, 마라톤을 하는데 운동화나 운동복을 안 입고 오는 임원, 워크숍에 너무 캐주얼한 복장이나 정장을 입고 오는 임원, 상가喪家에 골프 복장으로 오는 임원 등이 상황에 맞지 않는 옷을 입는 대표적 케이스다. 회사가 아닌 다른 장소에서 직원들과 함께 해야 하는 자리일 때는 더 신경을 써라. 훨씬 더 눈에 잘 띄기 때문이다.

우리 회사는 임원과 팀장들한테 품위유지비를 지급한다. 복장을 제대로 갖춰 입고 품위를 유지하라는 이유에서 만든 제도다. 외견에 신경을 쓰는 것은 사치도 아니고 소비도 아니다. 분명히 투자다. 투자라고 생각하면 아깝다는 생각이 들지는 않을 것이다. 검소함을 거론하며 항변할 수도 있지만 이것은 검소함과는 다른 의미이다. 임원이 기준을 잡으면 직원들은 저절로 따라 한다.

어릴 때 집에 손님이 오시면 어머니는 얼른 우리를 깨끗한 옷으로 갈아 입히셨다. 그런 모습을 본 손님들은 어머니께 훌륭한 분이라고 말씀하셨다. 당시에는 옷을 갈아입는 것이 귀찮다는 생각만 했는데, 지금 생각하니 손님들의 말처럼 어머니는 훌륭한 분이셨다. 그것이 바로 손님에 대한 예의였을 것이다.

이와 비슷한 예로 한 증권회사의 회장님은 손님을 만나기 전에 하루에도 몇 번씩 샤워를 하고 만난다고 한다. 꼭 샤워까지 해야 하냐고 생각할 수도 있겠지만 그 분은 그만큼 만나는 사람에 대한 예의를 다하기 위해 그렇게 한다는 생각이 든다. 샤워까지는 안 하더라도 내 모양새를 살펴볼 필요는 있다. 우리는 하루에 많게는 열 번도 넘게 화장실에 들락거린다. 그 때마다 거울을 보지는 않는다. 화장실에서의 볼일은 소변만이 아니다. 거울을 보는 것도 포함된다. 거울을 보면서 위에서 말한 외견도 확인 해야겠지만 가장 중요한 외견이라 할 수 있는 '밝고 명랑한 표정'도 더불어 연습하기 바란다. 당신의 밝은 모습으로 주변의 분위기까지도 환해질 것이다.

리더가 되고싶다면, 강해지되 무례하지 않아야 하고,
친절하되 약하지 않아야 하며, 담대하되 남을 괴롭히지 않고,
사려가 깊되 게으르지 않고, 겸손하되 소심하지 않고,
자신감을 갖되 거만하지 않고,
유머를 갖되 어리석지 않아야 한다.

짐 론 Jim Rohn _ 미국 성공철학가

14강

콩 순이 웃자라면 **잘라 줘야**한다

강한 카리스마보다는 논리로 접근할 때 더 잘 수긍하는 직원이 있다. 바로 스스로 뛰어남을 증명해 보이고 싶어 하는 직원이다. 이 직원은 객관적인 자료를 통한 합리적인 논리를 제시하여 스스로를 되돌아 보게 한다. 그래야 콩이 제대로 여문다.

어릴 때 콩밭 갓길을 걷다가 밭일을 하는 동네 어른이 낫으로 콩의 순을 거침없이 자르는 것을 본 적이 있다. 호기심이 생겨서 왜 잘 자란 콩순을 자르냐고 물어보았더니 그 어른께서 "너무 웃자라면 열매는 못 맺고 키만 크게 돼. 그래서 콩 잘 열리라고 자르는 거야"라고 하셨다. 사실 그때는 그게 무슨 말인지 잘 몰랐다. '그냥 콩이 잘 열리게 하기 위한 거구나. 아무리 그렇더라도 꼭 잘라야 하나?' 하는 생각만 들었다.

시간이 흘러 불혹不惑을 넘기고 보니 이제는 그 뜻을 알 것 같다. 그리고 조상들의 지혜는 그 무엇보다도 위대하다는 생각이 들었다. 그것은 비단 콩순에만 해당이 되는 것은 아니었다.

나는 형제들이 많다. 우리 형제들 중에는 좀 더 똘똘하다고 우쭐대는 형제가 있다면 자신감이 부족한 형제도 있었다. 부모님은 우쭐대는 형제는 더 꾸짖어 겸손함을 배우게 했고, 자신감이 부족한 형제는 기를 세워 더 용기 있게 행동하도록 했다. 이 또한 조상들이 콩순을 다루는 것과 별반 다르지 않은 현명한 자녀 교육법이었다는 생각이 든다.

회사에서도 뛰어난 직원이 있는 반면, 조금 더디게 가는 직원이 있다. 그런데 대부분의 회사에서는 성과주의니 실적주의니 해서 뛰어난 직원에게는 늘 높은 보상을 하고 조금 더딘 직원에게는 육성과 격려보다는 감점을 앞세운다. 회사이기 때문에 이렇게 하는 것에 대해 잘못 되었다고 할 수는 없다. 그렇지만 이렇게 하다 보면 뛰어난 직원은 웃자랄 가능성이 높다. 즉 알찬 콩이 열릴 것이라 기대했지만 가을에 추수할 때에는 쭉정이일 수도 있다.

따라서 뛰어난 직원을 더 우수한 인재로 키우기 위해서 삐져 나오는 싹을 아픔이 있더라도 과감히 잘라 줄 것을 권한다. 특히 너무 잘난 척 하는 직원에 대해서는 내 직위나 직책을 동반한 힘 으로 조절하기 보다는 논리로써 설득하고 조율해야 한다. 물론 합리적인 논리여야 한다. 합리적인 논리로 일깨워 주면 오히려 더 쉽게 원하는 방향으로 자랄 수 있고 기대보다 더 내 생각을 받 아들여 더 크게 성장할 수 있다.

한편 성과가 부진하거나 좀 더디게 나아가는 직원에 대해서 는 더 관심을 갖고 격려해 주다 보면 어느새 다른 직원들과 같 은 대열에 서 있게 될 것이다. 이러한 관점에서 잘난 사람은 잘 난 대로, 못난 사람은 못난 대로 두루두루 관심을 가져야 한다. 임원이 이러한 역할을 못한다면 할 사람이 없다. 또한 이것이 조 상의 지혜를 통해 배우는 임원의 통찰이자 참된 마음가짐이기 도 하다.

임원은 조정자 역할을 하는 것이다. 조정자 역할만큼 어려운 일은 없다. 그래서 조정자 역할을 잘 하는 임원을 만나기는 참 어 렵다. 나는 개인적으로 조정자 역할을 잘 하는 임원을 많이 만나

고 싶다. 나 또한 조정자 역할에는 그다지 자신이 없다. 그래서

그 역할을 배우고 싶은 열망이 누구보다도 강하다.

나의 일은 사람들을 다정하게 대하는 것이 아니다.
나의 일은 나와 함께하는 위대한 사람들을 다그쳐서
그들이 한층 더 발전하도록 하는 것이다.

스티브 잡스 Steve Jobs _ 애플 창업자

15강

만나는 사람을 보면
바라보는 방향이 보인다

친구를 만난다. 고객사 직원을 만난다. 내부 직원을 만난다. 새로운 사람을 만난다. 말쑥한 사람을 만난다. 예의 없는 사람을 만난다. 어떤 만남이 가장 많은가. 본인도 알고, 직원들도 안다. 그 만남이 모르는 사이에 당신을 가장 많이 표현한다.

내 주위에는 '에너지 전도사'가 많다. 그 에너지 전도사들을 통해 내 스스로를 다잡을 때가 많다. 그 중 한 사람은 나를 늘 긴장케 한다. 처음에는 어떤 이유에서인지 몰랐다. 그냥 에너지만 받았던 것 같다. 실제로 자주 만나는 것도 아니다.

그 사람은 현재 50대의 간호사이다. 그런데 1년 전까지만 하더라도 다른 직업에 종사했다. 그 늦은 나이에 목표를 정하고 이

직을 한 것이다. 40대 후반에 검정고시에 합격하고 50대의 나이에 대학을 졸업했다. 그리고 하나하나 취득한 국가자격증만 일곱 개다. 한 번에 이룬 것은 없다. 그런데 이 사람의 이런 단편적인 모습이 나에게 에너지를 전달하는 것은 아니다. 늘 목표를 정하고 그것을 달성하기 위해 끊임없이 노력하고 반드시 이루어내는 그 생활 자체가 간접적으로 나에게 '긍정적 오기'를 일으켰던 것이다.

주위에 이러한 사람들이 많으면 많을수록 행복함과 뿌듯함을 느낄 수 있다. 이러한 긍정의 에너지는 실제로 나를 변화시키기도 했다. 그래서 몇 해 전에 '경영지도사'라는 국가자격증을 취득했다. 당장 나에게 필요한 자격증은 아니지만 자격증을 취득하겠다는 목표를 정하고 지칠 정도로 매달렸다. 그 결과 2년 만에 취득했다. 자격증을 취득했다는 그 자체의 의미보다는 자격증 시험에 합격함으로써 얻는 성취감이나 자신감, 그리고 또 다른 시작을 준비할 수 있는 길을 터득한 것이 더 큰 보람이었다.

주위에 어떤 사람이 가까이 있느냐가 그 사람의 인생을 바꿀수도 있다. 고등학교 때 선생님 한 분이 수업시간에 이런 말씀을 하신 적이 있다. "살아가면서 불평불만이 많은 사람을 가까이 하지 마라. 본인도 따라서 그런 사람이 될 수 있다." 당시에는 그 의미를 잘 몰랐다. 그런데 직장생활을 하면서 그 말뜻을 이해할 수 있었다.

임원의 자리에 오르면 만나는 사람이 많아진다. 임원은 누구보다도 긍정의 에너지를 가진 사람을 많이 만나야 한다. 그것이 직원들에게도 전달되기 때문이다. 불평불만이 많은 사람들을 많이 만나게 되면 그런 사람으로 비춰질 뿐만이 아니라 그렇게 될 수도 있다. 회사 직원들도 어울리는 것을 보면 에너지가 넘치는 직원들끼리 어울리고, 한편으로 에너지 뱀파이어들끼리 어울리는 것을 쉽게 볼 수 있다.

임원이 어떤 사람을 만나느냐를 보면 어떤 임원인지 직원들도 대략은 알 수 있다. 물론 편견일 수도 있지만 한편으로 일리가 있을 수도 있다. 친구나 지인 등 편안한 사람들만 만나는 임원은 신규 사업이나 맡은 일에 자신이 없어 그 사람들에게 의지하고 싶어서 그럴 수 있다. 반면에 고객사 직원이나 평상시 만나기 어렵고 까다로운 사람을 어떻게든 만나는 임원은 활동적이고 도전적이며 새로운 것을 일궈내려고 하는 임원일 가능성이 높다. 또한 회사 내부의 사람만 만나고 외부인들을 거의 만나지 않는 임원은 근시안적이고 새로운 것을 추구하고자 하는 의지가 없는 안주형일 가능성이 높다. 이런 사람은 외부에서 전화조차 도 잘 걸려오지 않는다.

임원을 찾아오는 사람을 봐도 그 임원이 어떤 사람인지 알 수 있다. 직원들이 그 손님의 얼굴을 알 정도로 매번 같은 손님만 찾아오는 임원, 어딘가 모르게 예의 없어 보이고 건들거리는 손님이 찾아오는 임원, 비즈니스 제안이나 제휴, 기타 협력관계를 만들기 위한 손님이 찾아오는 임원 등 찾아오는 손님을 보고도 임원을 좀 더 알게 될 수 있다. 직원들은 찾아오는 손님을 통해서도 임원에 대한 존경심의 정도를 마음속으로 결정한다.

그리고 또 한 가지 중요한 것은 어디서든 임원의 얼굴을 많이 알아본다는 것이다. 직원, 직원의 가족, 외주직원, 고객사 직원 등 많은 사람들이 임원의 얼굴을 알기 때문에 어떤 장소, 어떤 상황에서든 마주칠 수 있다. 몰래카메라 한 대가 따라다니는 것이나 마찬가지다. 스스로 책임 있는 자리에 앉은 사람이라고 생각한다면 밤낮으로 임원으로서 떳떳하고 책임 있는 행동을 해야 한다. 여기는 괜찮겠지 하는 생각은 금물이다. 원수가 외나무다리에서 만나듯 늘 바른 행동을 보이다가도 한 번 흐트러진 모습을 보이면 그것을 바로 누군가가 보게 된다. 회사를 대표하는 임원의 바르지 못한 행동은 금방 소문이 나고 회사의 이미지에도 큰 영향을 미친다. 이제부터 그 몰래카메라에 멋진 모습이 찍힐 수 있도록 해 보길 바란다.

마지막으로 임원은 무게중심을 회사에 두어야 한다. 동호회나 친목 모임 등에 집착하는 임원이 의외로 많다. 그것이 NQ[4]라고 착각하기 때문이다. 밖으로 돌다 보면 회사로 무게중심을 옮기기가 쉽지 않다. 왜냐하면 임원의 자리는 바깥의 자리와는 비교도 할 수 없을 정도로 힘든 자리이기 때문이다. 이것은 균형의 문제가 아니다. 회사로 완전히 기울어야 한다는 것을 강조하는 것이다.

---

[4] NQ(Network quotient): 사람들과 더불어 잘 살아갈 수 있는 능력을 측정하는 지수이다.

16강

—

단란한 가정은 자랑이자 **본보기**이다

> *수신제가치국평천하修身齊家治國平天下. 행복한 가정을 가진*
> *임원은 자신감이 보인다. 가정에서든 직장에서든 제 역할을 다하기*
> *때문이다. 가정과 직장은 별개가 아니다. 가정부터 행복하게 꾸려라.*
> *그리고 그와 똑같이 회사도 행복한 회사로 만들어라.*

우리 회사는 내부 행사를 진행할 때 가족을 초청하는 경우가
많다. 등산이나 마라톤대회, 뮤지컬 관람 등에 가족을 초청한다.
처음에는 몇몇 가족만 참석을 했지만 지금은 대부분의 직원들이
가족의 손을 잡고 온다.

가족 초청 행사를 진행하는 이유는 있는 그대로의 회사의 모
습을 보여주기 위해서이다. 그 모습을 통해 아들, 딸, 남편, 아
내가 제 역할을 잘 하고 있다는 것을 보인다. 어느 가정이든 늦

은 퇴근에 대해서, 월급에 대해서, 다른 회사와 비교하면서 불만이 없을 리가 없다. 그런데 이러한 행사를 통해 회사의 현재 상황도 알리고 회사의 미래도 설명하면서 현 상황을 좀 더 이해해 달라고도 하고, 지켜봐 달라고도 부탁한다. 그러다 보면 저절로 가족들은 회사와 가까워지고, 이해의 폭도 넓어진다. 그래서 특히 아내들이 남편에 대해 많이 이해하게 되면서 호의적으로 변했다고들 한다. 이렇게 긍정적인 효과가 나타나면서 가정이 편안해진다.

우리 회사만의 특별한 비법이 한 가지 더 있다. '귀하의 남편이 이러이러한 아주 중요한 일을 하고 있으며, 회사에서는 없어서는 안 될 사람이다. 자랑스럽게 생각하길 바란다'고 가족들 앞에서 강조한다. 이런 이야기를 듣고 감동받지 않을 가족은 없다. 나중에 들은 이야기지만 행사에 참석했던 초등학교 자녀들은 아빠가 하는 일에 대해 다시 묻고 그것을 동네나 학교에서 자랑한다고 한다.

이러한 행사에 임원의 가족들은 꼭 참석을 하게 한다. 임원 가족들의 단란하고 행복한 모습을 직원들한테 보여주면 직원들은 그 모습을 보면서 미래를 계획하고, 또 배우게 된다. 직원 결혼식이나 돌잔치에도 임원의 가족은 참석하는 것이 좋다. 거기서도 단란한 모습을 마음껏 표현하면 더 좋을 것이다.

예전 회사에 다닐 때의 일이다. 한 직원이 이런 얘기를 하는 것을 들었다. "어제 전자상가에서 사장님을 뵈었는데, 사모님과 손을 꼭 잡고 다니시는 모습이 아주 다정해 보이고, 보기 좋았습니다." 평상시 모습 그대로를 한 직원이 보았을 뿐인데도 이 모습은 금세 직원들 사이에 전해지기 마련이다.

한편 단란한 가정의 모습을 보이기 위해 직원들을 가정에 초대하는 것에는 신중함이 요구된다. 직원들에게 맛있는 음식을 대접하고 가까워지겠다는 생각으로 직원들을 초대했다가 더 나빠진 경우를 몇 번 본 적이 있다. 어디든 흉보기를 좋아하는 사람이 있기 때문에 너무 많은 것을 보여주는 것은 생각해 볼 필요가 있다. 물론 임원이 판단할 몫이다.

가정생활이 편안하면 회사에 와서 업무에 더 집중할 수 있고, 보다 적극적으로 일할 수 있게 된다. 그런데 사소한 것이라도 가정에 좋지 않은 일이 있을 때에는 좀처럼 일이 손에 잡히지 않는다. 나의 경우에도 가령 아내와 아주 사소한 다툼만 있어도 하루의 시작이 까칠해진다. 임원이 단란한 가정을 만드는 것은 선택이 아니라 필수이다. 그렇기에 노력이 필요한 것이다.

수신제가치국평천하修身齊家治國平天下는 임원에게 딱 어울리는 말이다. 임원의 웃는 얼굴은 많은 가치가 있음을 앞에서 강조했다. 가정에서 행복한 일이 많으면 회사에서도 자연스럽게 웃는 얼굴일 것이고, 그 웃는 얼굴은 직원들을 편안하게 하여 직원들 또한 고객들에게 행복한 미소를 짓게 될 것이다. 조금 과장한다면 회사매출도 늘어나게 될 것이다.

임원부터 행복한 가정을 만들고, 직원들도 행복한 가정을 꾸려나갈 수 있도록 지원을 다하라. 가정이 행복하고 회사가 같이 행복한 것이 바로 이상적인 관계이다. 가정에서 자녀들로부터 존경을 받는 임원은 회사에서도 직원들로부터 존경을 받는다.

가정에서든 회사에서든 행복의 기준을 스스로 만드는 것이 가장 중요하다. 행복은 곳곳에 있고 셀프서비스고 무료이다. 따라서 내가 찾아서 가지면 된다. 오늘도 "아, 행복하다!"를 외치고 하루를 시작해 보기 바란다.

17강

지는 것이 이기는 것이다

이기고 지고가 중요하지 않은 일에서 꼭 이기기를 바라고 승부욕을 불태우는 경우가 있다. 이기는 것을 쉽게 판단하기 어려운 만큼 가끔씩은 뒷걸음질이 필요할 때도 있다. 지는 것이 더 크게 이기는 것일 수도 있기 때문이다.

온 가족이 매달려 여름 내내 힘들게 고랭지 배추농사를 지어 밭떼기로 판다. 배추농사가 잘되어 족히 50만 원은 받을 수 있는데도 장사꾼이 30만 원에 하자고 흥정을 해 오면 바로 30만 원에 넘긴다. 한편 겨울 내내 쇠죽을 쑤어 먹여 살이 통통하게 붙은 순한 송아지는 누가 봐도 100만 원을 받고도 남아 보인다. 그런데도 장사꾼이 80만 원에 넘기라고 하면 그 또한 즉시 그렇게 넘기고 거래를 끝낸다.

위 이야기는 우리 아버지의 이야기다. 아버지는 흥정 자체를 모르시는 분이셨다. 이런 모습 때문에 어머니께서는 많이 속상해 하셨다. 이런 아버지께서 늘 하시는 말씀이 '지는 것이 이기는 것이다'였다. 나는 이 말을 아주 듣기 싫어했다.

"어떻게 지는 것이 이기는 것이 되나요? 어떻게든 이기는 게 이기는 거죠?"라면서 그 때마다 가시 돋친 말로 불만을 토해 놓곤 했다.

이 말을 이해하기까지 많은 시간이 걸렸다. 마흔이 다 되어 가는데 장가를 못 가고 있는 막내아들이 밉기도 하고 안타까우실 때면 아버지는 혼잣말로 이런 말씀을 하셨다. '오늘 벗어 놓은 신발을 내일 신을 수 있을지 못 신을지를 모르는데, 마흔이 다 된 놈이 장가를 안 간다.' 아버지의 이러한 푸념이 조금씩 늘어날 때쯤 이상하게도 나는 이 말을 이해하게 되었다. 더 이상 흥정이라는 것을 하실 필요가 없는 팔순의 인생을 차곡차곡 쌓아오셨을 때이다.

나는 '지는 것이 이기는 것이다'라는 말의 의미를 너무 이기려고 하지 마라는 뜻으로 이해했다. 실생사회이자, 이기야만 살아

남는 '서바이벌'의 각박한 사회에서 진다는 것은 허용할 수 없는 것으로 생각하면서 살아왔다. 그런데 내가 좀 더 양보하고 내가 좀 뒤로 물러서주고, 내가 진다고 해서 그게 꼭 지는 것은 아니라는 것이다. 결국 지는 것이 어떤 때는 오히려 더 좋은 관계 형성에 도움이 되고, 더 많은 것을 얻는 기회가 될 수도 있는 것이기 때문에 지는 것이 이기는 것이라고 하신 것 같다.

임원 또한 회사에 나오면 '서바이벌'의 소용돌이에 뛰어들게 된다. 그 환경에서 진다는 것은 이미 용납할 수 없다. 낙오자가 되는 것에 대한 두려움 때문이다. 그러한 강박관념으로 인해 얼굴은 굳어지고, 마음은 늘 조급하다. 그러다 보면 오히려 이기려고 한 것이 지는 것이 되는 경우가 더 많아지게 된다.

건강을 잃을 수도 있고, 사람과의 관계를 잃을 수도 있다. 무엇보다 내 마음의 불안감으로 인해 몸과 마음의 좋은 컨디션을 유지하기가 어렵다. 내가 한 발 물러설 수도 있고, 질 수도 있다는 생각을 하고 시작한다면 훨씬 여유가 생긴다. 그로 인해 긍정적인 효과를 얻을 수 있게 된다. 그림으로 가득 채워진 도화지 속의 여백과 같은 것이다.

어머니가 흥정을 안 하시는 아버지에 대해 소소하게라도 잔소리를 하시면, 아버지는 '내가 좀 손해를 보면 누구에게는 이익이 되니 좋은 일'이라고 말씀하셨다. 그 말씀의 숨은 진리는 내가 좀 손해를 보면 언젠가는 그것이 나한테 더 이익이 되어 돌아온다는 것이다.

회사도 복이 많아야 한다. 회사가 복을 받기 위해서는 임원의 마음가짐이 중요하다. 임원이 양보할 줄도 알고 베풀 줄도 안다면, 당장은 어려울 수도 있지만 멀리 보면 그 또한 큰 것을 얻는 것이다. 이익을 남겨야 하는 기업이지만 단기적인 이익만을 남기기 위해 기업이 존재하는 것은 아니라는 것을 되새기면 답이 나온다.

멀리 내다보라. 그러면 나를 옥죄고 있는 것들로부터 자유로워지게 되고, 더 큰 마음을 가진 임원이 될 수 있다.

18강

—

오래도록 나를 **자극**하는 것은
실패 사례집이다

순간순간 반성하고 다짐하는 것은 물이 흐르는 것과 같다. 지속적으로 나를 이끄는 것에는 기록의 힘이 바탕이 된다. 일기를 쓰듯 써라. 얼굴이 화끈거릴 정도로 부끄러웠던 일들을 오직 나를 위해서 더 솔직히 작성해 보라.

우리 집 옷장에는 오래된 유니폼이 하나 있다. 옷장을 열 때 가끔씩 들춰서 보곤 한다. 이 유니폼에는 사연이 있다. 15년도 더 된 일이다. 예전 회사를 다닐 때 회사의 유니폼을 새로운 것으로 바꾸는 일을 한 적이 있다. 천 명이 넘는 인원이 입을 유니폼이었다. 나름대로 밤을 새워 가며 재질과 디자인을 체크해 유니폼을 제작했다. 대체적으로 만족한다는 얘기를 들었고 그때마다

속으로 기분이 좋았다. 그런데 한 달이 지났을 때 일이 터졌다.

젊은 느낌이 들도록 포인트를 주기 위해 어깨에 띠를 넣었는데, 거기에 새겨 넣은 회사의 로고가 세탁을 몇 번 하니까 벗겨졌던 것이다. 결국은 사장님께 보고가 들어가고, 회사가 발칵 뒤집힐 정도로 큰 일이 되었다.

윗선의 책임자도 있었지만 내가 주도적으로 진행한 일이라 내가 책임을 져야 하는 상황이었다. 난 얼굴이 붉어지고 어떻게 해야 할지 모르고 있었다. 결국 유니폼 업체와 협의하여 모든 유니폼을 수거하여 다시 다른 천으로 된 띠로 교체하는 작업을 하게 되었다. 지금 생각해도 가슴이 철렁 내려앉는다.

그때 교체하지 않은 유니폼 한 벌을 집에 보관하고 있다. 나는 그 당시 30대 초반의 나이었다. 이 실패작을 보면서 절대 이런 실수를 되풀이하지 않겠다고 다짐한 기억이 있다. 물론 유니폼 사건 때문에 난 신중함을 배웠고, 좀 더 세심하게 다양한 각도에서 보려는 시각을 갖게 되었다.

사람이기 때문에 실수를 한다. 쥐구멍이라도 찾고 싶은 실수를 안 해 본 사람이 몇이나 될까. 그런데 실수나 실패 경험을 그

순간으로 끝내거나 신중하게 받아들이지 않는다면 또 다시 실수를 반복하게 될 가능성이 높다.

처음부터 존경 받는 리더는 없다. 즉 타고난 리더는 없다. 연습과 노력으로 그렇게 되는 것이다. 연습과 노력에는 실패 사례에 대한 정리 또한 필요하다. 처음 임원이 되면 임원으로서는 걸음마도 제대로 못하는 아이와 같다. 그러다 보니 얼굴이 화끈거리는 실수는 당연히 뒤따른다. 아주 멋지게 처리했다고 생각했는데 고객의 불만이 터져 나오는 경우, 정성을 다했는데 직원이 등을 돌리는 경우, 난 최선을 다했는데 세상이 나를 속이는 경우 등 다양한 경험을 하게 된다.

이러한 것들을 순간으로 지나치거나 머릿속으로만 생각하지 말고 가감 없이 기록해 두는 것이 좋다. 자신만의 정리 노트를 만들어 기준이나 방침, 시행착오 등을 기록해 두는 것이다. 이렇게 기록하면서 걸음마를 떼게 되고 자연스럽게 걸을 수 있는 방법을 터득할 수 있게 된다.

어렵게 무엇을 작성하라는 것이 아니다. 그냥 본인만 보는 일기처럼 형식 없이 사례별로 나열해 놓으면 된다. 그것이 어느 날

나를 더 발전하게 이끌 뿐만 아니라 더 성숙한 임원으로 성장하는 데에 도움이 된다. 더불어 자신을 더 설득력 있게 표현하는 방법도 익히게 될 것이다.

실패란 당신이 큰 책임을 감당할 수 있도록 준비시키는 신의 배회이다.

나폴리언 힐 Napoleon Hill _ 미국 성공학 연구자

19강

—

자신 있게 내세울 수 있는
취미생활 하나 정도는

사무실 안에서 매일 보는, 일하는 모습이 아닌 다른 것에 몰입하는 임원의 모습을 직원들이 본다면 봄날에 제일 먼저 피는 꽃을 보는 느낌이 들 것이다. 그 설렘과 신선함을 선사하지 않을 이유가 있는가.

평상시에 얌전한 사람이었는데, 어느 날 회식자리에서 갑자기 브레이크 댄스를 추었다. 다들 깜짝 놀라서 이구동성으로 하는 말이 '아, 저 사람한테 저런 모습이 있었네' 였다. 물론 그 사람의 이미지는 더 좋아져 한동안 모임 때마다 그 이야기가 오고 갔다.

음식도 매일 김치찌개나 된장찌개 등 한식만 먹다가 중국 음식을 맛보게 되면 맛의 정도를 떠나 우선 감탄부터 한다. 눈으로 먼저 새로운 맛을 느끼기 때문이다. 이처럼 매일 봐왔던 모습과 다른 새로운 모습은 기존에 갖고 있던 인식의 테두리를 벗어나게 한다. 그러한 새로운 모습을 그 사람이 몰입하고 있는 취미에서 보게 된다면 신선한 충격과 끌림은 더 크다.

특기가 없다고 하는 사람은 있어도 취미가 없다고 하는 사람은 거의 없다. 그 취미가 자신 있게 내세울 수 있는 것이라면 누구에게든 보이고 싶어진다. 가령 브레이크 댄스나 색소폰 연주, 기타 연주, 탁구 등 취미가 특기라고 할 정도로 내세울 수 있는 것이라면 여러 사람 앞에서 뽐낼 수 있는 기회가 생길 때 과감하게 드러내고 싶을 것이다.

만약 임원에게 이러한 특기라고 할 정도의 취미를 직원들 앞에서 뽐낼 수 있는 자리가 마련된다면 직원들에게 일부러 관심을 표현하여 가까워지려고 하는 그런 노력은 하지 않아도 될 것이다. 생각지도 않게 직원들이 가까이 다가와 있을 것이기 때문이다.

예전 회사에서 사장님이 직원들의 노고를 위로하는 자리에서 색소폰 연주를 하신 적이 있다. 전문 연주는 아니었지만 최신을 다해 연주를 하셨고, 연주가 끝나는 순간 직원들은 기립박수로 감사의 뜻을 전했다. 그 모습은 봄날에 가장 먼저 핀 꽃을 보는 느낌이었다. 그만큼 아주 신선하고 보기가 좋았다.

꼭 연주가 아니더라도 임원이 업무가 아닌 어떤 것에 관심을 가지고 몰입을 하는 것을 보이면 직원들은 호감을 갖게 된다. 그것을 화제로 대화를 할 수도 있다. 그 대화는 업무에 관한 대화와는 비교할 수 없을 것이다. 또한 취미활동의 실제 모습을 본다면 그 어떤 것이든 친근감을 갖게 된다.

사무실 안에서는 매일 똑같은 모습을 본다. 옷차림부터 대화의 내용이나 표정까지도 거의 같을 수밖에 없다. 그런데 밖에서 만나면 우선 복장부터 새롭다. 정장차림이 아니라는 것 자체부터 신선함을 느끼게 된다. 그리고 사무실이 아닌 곳이다 보니 사무실 안에서의 긴장감은 당연 줄어들게 된다. 물론 어렵게 만들어진 사무실 밖의 자리에서 업무 얘기를 꺼내는 무례(?)를 범하는 일은 없어야겠다.

누군가에게 다가가지 못해 고민하고 있다면 우선 새로운 모습부터 보여 주기 바란다. 그리고 그것이 진솔한 모습이면 더 좋다. 더구나 노력하는 모습이면 더더욱 좋다. 그러면 생각지도 못한 일이 일어날 수 있다. 회사의 행사를 통해서든 부서 간의 모임을 통해서든 임원의 새로운 모습, 진솔한 모습을 보인다면 팀워크에 대한 걱정은 잊어도 된다. 게다가 취미까지 공유하게 된다면 한층 더 돈독한 분위기를 유지할 수 있다. 이런 분위기라면 임원은 당근을 약속하지 않고도 어떤 일이든 간에 쉽게 직원들의 자발적인 동참을 얻어낼 것이다.

· · · · · · ·

일과 오락이 규칙적으로 교대하면서
서로 조화를 이룰 때 시민 생활은 즐거운 것이 된다.

레프 톨스토이 Leo Tolstoy _ 소설가, 사상가

· · · · · · ·

20강

—

적어도 **세 명** 이상의 **멘토**가 돼라

세 명 이상의 직원에게 멘토가 되었을 때 멘토의 역할을 제대로 정의할 수 있다. 의도적으로라도 세 명 이상의 멘티를 만들어라. 그래야만이 조직 속에 속한 그 구성원들을 제대로 볼 수 있는 시각이 생긴다. 또한 임원도 멘토가 있어야 한다.

훌륭한 멘토가 있었기에 훌륭한 사람이 된 경우를 가끔씩 접하게 된다. 히딩크 감독과 박지성 선수의 관계가 대표적이다. 나는 이 두 사람을 훌륭한 사람들이라고 생각한다. 두 사람에 대해 많은 극찬이 있었지만 훌륭한 사람이라고 한 것은 못 봤다.

왜 훌륭한 사람일까. 대한민국 사람이라면 박지성 선수의 노력과 열정을 모르는 사람은 없을 것이다. 우리는 그에게서 노력의 가치를 배우고 용기를 얻기도 한다. 즉 박지성 선수는 우리 모두의 스승이고 진정한 멘토다. 수많은 사람의 멘토인 것이다. 한 사람의 멘토가 되는 것도 어려운데 수많은 사람의 마음을 움직이는 멘토니까 당연히 훌륭한 사람이다. 박지성 선수가 훌륭한 사람이면, 그를 인도하고 이끈 히딩크 감독 또한 훌륭한 사람임에 틀림없을 것이다.

멘토의 가장 큰 역할은 멘티의 강점을 살려 주고, 그 강점을 통해 어디를 보고 나아가야 할지를 깨우치게 도와주는 것이다. 이러한 멘토의 일반적인 의미로 봤을 때 임원은 멘토의 역할을 수행하기에 적합하다. 그런데 내가 멘토가 되겠다고 해서 멘토가 되는 것은 아니다. 누군가가 나에게 멘토가 되어달라고 청해야 멘토가 되는 것이다.

누군가에게 멘토가 되기 위해서는 멘토로서 본받을 만한 부분이 있어야 한다. 그런 것이 없다면 아무도 멘토가 되어 주기를 청하지 않을 것이다. 임원이라면 세 명 이상의 직원에게 멘토가 되어야 한다. 멘토가 되면 멘티들의 소소한 부분까지 신경 쓰게 된다. 그리고 사람과 가까워지는 방법을 알게 된다. 이런 과정을 통해 회사 조직에서도 자연스럽게 조직원들을 세밀히 들여다보는 밝은 눈이 생긴다. 그러다 보면 은연중에 그들의 가려운 곳도 긁어줄 수 있고, 웅덩이에 빠져 있는 직원에게 헤치고 나올 수 있는 방법을 알려줄 수도 있다.

지금 현재 세 명 이상의 멘티가 있다면 당신 또한 박지성 선수와 마찬가지로 훌륭한 멘토이다. 당신에게는 보이지 않아도 본받을 점들이 많을 것이다. 아직 멘토가 되지 못했다고 하더라도 걱정할 필요는 없다. 지금부터 멘토가 되기 위해 노력하면 된다. 노력으로 안 되는 것은 없다. 당신이 노력한다는 전제하에 목표를 세 명 이상으로 잡은 것이다. 먼저 멘토의 본질을 이해하고, 그 후 멘토가 되기 위해 노력한다면 당신도 세 명 이상의 멘티를 거느린 훌륭한 사람이 될 수 있을 것이다.

한 가지를 더 얘기한다면 당신이 멘토가 되기 위한 가장 좋은 방법은 당신의 멘토로부터 멘토의 자질을 배우는 것이다. 그래서 당신에게도 멘토가 필요한 것이다. 멘토가 없다면 지금 당장 찾아 나서라. 그리고 찾게 된다면 정중하게 멘토가 되어달라고 청하라. 그 관계가 또 다른 아름다운 관계를 만들 것이다. 그 아름다운 관계를 통해 당신은 조직 구성원을 두루두루 살피는 넓은 마음을 가진 임원이 될 것이다.

멘토와 관련된 성경 구절을 하나 소개하고자 한다. "지혜로운 자와 동행하면 지혜를 얻고 미련한 자와 사귀면 해를 받느니라." (잠언 13:20)

리더십이란
다른 사람들이 하고 싶지 않은 일을 하게 만들고,
그들이 이루고 싶어하는 일을
성취할 수 있게 하는 것이다.

톰 랜드리 Tom Randry _ 미국의 전설적인 풋볼 선수이자 코치

대한민국
최고의 임원이 되어
힘찬 발걸음을 내 딛는다

Part 3

나도 대한민국 최고의
임원이 될 수 있다

1강

—

죽었다 깨어나도 **핵심인재**는 **육성**하라

잘난 사람이 아니라 본보기가 되고 자극제가 되는 인재, 누구에
의해서가 아니라 스스로 열정을 가진 인재를 핵심인재로 인정하라.
스스로 고개를 내민 직원에게 더 많은 것을 볼 수 있도록 해 준다면
그들은 자기가 본 것들을 금방 전파할 것이다.

각 회사마다 나름대로의 기준으로 핵심인재를 관리하고 있
다. 우리 회사도 마찬가지로 핵심인재를 관리하고 있다. 우리 회
사는 기술력과 각종 성과가 높을 뿐만 아니라 가치관과 마인드
까지 제대로 갖춘 직원을 핵심인재로 분류한다. 우선순위로 따
지자면 기술력보다는 마인드가 우선이다.

핵심인재를 어떻게 관리해야 하는지를 강조하기 위해서 핵
심인재를 언급하는 것은 아니다. 장기적인 성장을 원하는 회사

라면 핵심인재에 대한 기준을 정하는 것도 중요하지만 그 기준에 따라 '끊임없이 핵심인재를 육성해야 한다'는 것을 강조하고자 하는 것이다. 파레토의 법칙[5]에 따르면 '20퍼센트의 조직원이 조직의 80퍼센트의 일을 할 뿐만 아니라 조직의 성장을 이끈다'고 한다. 하지만 난 파레토의 법칙을 따르지 않는다. 80퍼센트의 조직원이 조직의 미래를 이끈다고 해서 문제가 될 것은 없지 않는가. 80퍼센트의 조직원이 조직의 300퍼센트, 400퍼센트의 일을 하면 안 되는 것인가.

잘만 한다면 모든 직원이 핵심인재가 될 수도 있다. 그러기 위해서는 인재 육성이 그만큼 중요하다. 어떤 표본이 되는 직원이 있다면 그 직원을 눈에 띄게 하여 본보기로 만들어야 한다. 고립시켜 외롭게 만들자는 것이 아니다. 스스로 고개를 내민 직원들에 대해서는 지속적으로 더 넓게 볼 수 있게 하고, 그들이 본

---

5) 파레토 법칙(Pareto 法則): '전체 결과의 80퍼센트가 전체 원인의 20퍼센트에서 일어나는 현상'을 가리킨다. 예를 들어, 20퍼센트의 고객이 백화점 전체 매출의 80퍼센트에 해당하는 만큼 쇼핑하는 현상을 설명할 때 이 용어를 사용한다. 이 용어를 경영학에 처음으로 사용한 사람은 조셉 M. 주란이다. '이탈리아 인구의 20퍼센트가 이탈리아 전체 부의 80퍼센트를 가지고 있다'고 주장한 이탈리아의 경제학자 빌프레도 파레토, 이 이름에서 따왔다.

것들을 긍정적 에너지와 더불어 다른 직원들에게도 전파할 수 있도록 하는 것이다. 그렇게 되면 다른 직원들도 더 많은 것을 보기 위해 노력할 것이다.

본보기가 되는 핵심인재를 통해 자연스럽게 배우고 따라가게 하는 것이 바로 육성이다. 즉 더 많이 보고자 하는 것에 공감대를 형성하게 하는 것이다. 공감대 형성이라는 것은 동일한 눈높이에서 동일한 생각을 하는 것이다. 핵심인재를 눌러서 하향평준화 시키는 것이 아니라 상향평준화 시키고 그러한 본보기를 다른 직원들이 자발적으로 따라가게 하는 것이다.

살아 있는 조직이라는 것은 핵심인재가 존재하는 조직을 말한다. 살아 있는 조직을 넘어서 나날이 진화하는 조직이 되기 위해서는 핵심인재가 많으면 많을수록 좋다. 핵심인재가 많다고 문제가 될 것은 없다. 핵심인재의 비율을 정해 놓고 조절하는 것은 회사의 성장을 한정 짓는 것이 될 수도 있다. 핵심인재를 육성 하는 것은 회사의 장기적인 성장 동력을 마련하기 위함이다. 농부들이 풍성한 수확을 생각하며 씨를 뿌리는 것과 마찬가지이다.

이런 말을 들은 적이 있다. '핵심인재 몇 명만 있으면 다른 직원은 다 퇴사해도 괜찮다.' 이 말을 한 사장은 오래지 않아 회사 상황이 어렵다는 얘기를 달고 다녔다. 핵심인재를 제외한 다른 직원에 대해서는 핵심인재가 아닌 직원으로 한정 지었을 뿐만 아니라 인재로도 보지 않았을 것이라는 생각이 든다. 즉 직원 개개인을 소중하게 생각할 자신이 없었던 것이다.

직원들은 다 저마다의 재능을 갖고 있다. 그런데 그 재능에는 차이가 있다. 주어진 환경도 다르고, 살아온 환경도 다르기 때문이다. 그렇지만 제로베이스Zero-base에서 놓고 볼 때 재능이 좀 부족한 직원이 더 노력하면 그것은 강점이 되는 것이다. 즉 재능과 노력은 덧셈이 아니라 곱셈이다. 재능이 2이지만 노력을 4만큼 한다면 강점이 8이 된다. 재능이 2의 두 배인 4라고 하더라도 노력을 1만 한다면 강점은 4밖에 되지 않는 것이다.

임원은 직원들의 재능을 찾아서 어떤 노력을 해야 하는지를 알려주는 역할을 해야 한다. 핵심인재와 거리가 있는, 성과가 부진한 직원에게도 노력 포인트만 잘 찾아준다면 핵심인재가 될 수 있다. 그런 방법으로 많은 직원이 핵심인재가 되도록 돕는 처

격려해야 한다. 핵심인재는 예쁜 포장지에 싸놓고 혼자만 보기 위한 사람이 아니다. 포장지를 뜯어내고 안에 들어 있는 그 모습 그대로를 드러내 더 큰 역할을 하도록 격려하고 주위 사람들에게 보여 귀감이 되도록 해야 한다.

—

직원과 식사할 때는 **왕후의 밥**으로 하라

먹고 싶은 것이 무엇인지 먼저 물어보라. 비싼 것이 아니라 그날 제일 먹고 싶은 것이 최고로 맛있는 것이고 왕후의 밥이다. 중요한 것은 내 중심이 아니라 직원 중심이라는 것이다. 메뉴 하나의 배려가 더 큰 배려로 돌아올 것이다.

매년 정하는 목표 중 하나가 1년 동안 모든 직원과 각각 밥을 한 번씩 먹는다는 것이다. 처음 목표를 정할 때는 쉬울 것이라고 생각했다. 매일 밥은 먹어야 하기 때문이다. 그런데 첫 해에 목표를 달성하지 못했다. 둘째 해에도 그랬다. 올해가 3년째인데, 아슬아슬하다. 지금부터라도 분발해야 할 상황이다.

이러한 목표를 정한 데에 큰 이유가 있었던 것은 아니다. 사람은 같이 밥을 먹으면 가까워진다고 한다. 직원들과 가까워지고 싶어서였다. 밥을 먹다 보면 회사 안에서 정해진 관계가 조금은 허물어진다. 편해지는 것이다. 그러다 보면 자녀 이야기부터 집 문제, 건강, 취미, 신앙생활 등 평소에 나누지 못했던 이야기들을 나누게 된다. 당연히 밥도 맛있고 얼굴도 밝아진다.

직원들과 밥을 먹을 때 난 이렇게 말한다. 늘 똑같다. "여의도에서 제일 맛있고 비싼 것으로 먹자.", "평상시 잘 안 먹어본 것으로 선택해라." 이렇게 말한다고 해서 직원이 제일 맛있고 비싼 것을 선택하는 경우는 거의 없다. 돌아오는 대답은 '아무것이나 괜찮습니다'가 대부분이다. 그때 나는 기다렸다는 듯이 이곳저곳 생각해 두었던 곳을 추천한다. 물론 맛이나 가격 면에서 여의도에서는 으뜸이라고 할 수 있는 곳들로 추천한다. 어떤 때는 직원의 취향을 먼저 파악하고 그 쪽으로 유도하는 경우도 있다. 별 것 아닌 말 한마디에 직원은 마음을 많이 연다. 화기애애한 자리를 예매한 것이나 마찬가지이다.

이렇게 하는 데는 이유가 있다. 점심식사 자리만큼은 직원을 왕으로 생각하기 때문이다. 왕이니까 '왕후의 밥'으로 준비하는 것이다. 내가 먹고 싶은 것이 아니라 직원이 먹고 싶은 것으로 메뉴를 정하는 것이다. '어디로 가자'가 아니라 '어디로 갔으면 좋겠습니까'를 하라는 것이다. 그리고 음식점에 가서도 왕으로 대접해야 한다. 그 첫 번째가 내 얘기를 많이 하는 것이 아니라 직원의 이야기를 듣는 것이다. 이야기를 들으면서 평상시 못했던 칭찬도 하고 격려도 해라. 적절하게 용기도 북돋우면 더 좋다. 그러기 위해서 자리를 마련한 것이 아닌가. 임원의 이야기나 업무 이야기로 직원의 입을 막으면 그 직원은 밥을 먹는 것이 아니라 모래를 씹었다고 할 수 있다. 모래를 대접하기 위해서 귀한 시간을 내달라고 한 것은 아니지 않는가.

누군가와 가까워지겠다고 저녁에 룸살롱 한 번 가는 것보다는 상대방이 원하는 맛있는 점심을 두세 번 대접하는 것이 훨씬 낫다. 물론 나만의 기준일지도 모른다. 나는 음식점들을 많이 안다. 안 가본 곳에 대해서도 맛이나 가격, 서비스에 대해서 꿰뚫고 있다. 그만큼 관심이 많다. 여러 사람과 점심식사 시간을 많이 가지기 위해서는 당연히 그렇게 해야 한다. 그리고 이것이 나의 강점이라고 생각한다. 그래서 상대나 때에 따라서 그 상황에 맞게 음식점을 권하고 정한다. 길 가다 보이는 곳에 들어가서 아무

것이나 먹는 것보다는 먹고 싶은 음식이 있는지를 묻고 그에 맞는 음식점을 바로 떠올려 그곳으로 간다면 훨씬 좋은 관계로 진전할 것이다. 어찌 보면 대수롭지 않은 일 같지만 사소한 것에서 사람은 감동하고 마음을 움직이기도 한다.

나는 아내를 부를 때 '선'이라고 부른다. 이름의 끝 글자가 '선'이기도 하지만 영어로 'SUN'의 의미로 부르는 것이다. 남자는 '하늘'이라고도 한다. 그에 비해 난 아내를 '태양'이라 생각한다. 그렇게 생각하다 보니 매사에 아내를 위하는 마음이 더 생긴다. 난 막내라서 그런지는 모르지만 독단적이고, 남의 말을 잘 듣지 않는 편이다. 게다가 내가 다 옳다고 생각하는 경향까지 있다. 그런데 그것을 깨뜨려준 사람이 바로 아내이다. 그러한 고마움 때문에 아내를 'SUN'이라고 부르게 된 것이다. 호칭의 변화를 통해 가정에서 내 스스로 겸손을 배울 수 있었고 회사에서는 겸손을 실천할 수 있었다.

직원을 대하는 것도 마찬가지이다. 직원을 직원으로만 볼 것이 아니라 더 큰 존재로 본다면 그에 걸맞게 대할 것이다. 직원 중에 허투루 대할 사람은 아무도 없다. 먼저 존중하고 대접하면

상대방도 나를 존중하고 대접한다. 얼마나 쉬운 논리인가. 바로

이것이 직원과 한마음이 되는 지혜로운 해법이다.

- - - - -

훌륭한 리더는 자신을 따르는 사람의
자존심을 고양하기 위해 많은 노력을 더한다.
스스로를 믿는 사람들은 놀라운 일을 해낸다.

샘 월튼 Samuel Moore Walton _ 월마트 창업자

- - - - -

—

퇴사자에게 **친정의 느낌**이 들게 하라

큰 대문을 만들고, 그 안에 문을 하나 더 만들어라. 퇴사하려는 직원에게는 큰 대문 같은 오픈마인드가 필요하다가도 꼭 잡아야 할 직원이 있으면 그 안의 문을 잠그고 어떻게든 잡아야 한다. 퇴사하려는 직원을 대하는 것보다 더 조심스러운 일은 없다. 어떤 경우든 기분 좋게 하라.

나에게도 고향이 있다. 그런데 예전에 느끼던 그런 고향의 느낌은 많이 잊혀졌다. 가끔씩 고향에 대해서 생각도 하고 가보고 싶기도 하지만 마음이 고향을 향해 있지는 않다. 내가 생각하는 고향의 중심에는 어머니가 있다. 우리 집에서 차례를 지냈기 때문에 명절만 되면 집 기둥이 몇 번이나 올라갔다 내려갔다 할 정도로 시끌벅적했다.

그도 그럴 것이 아버지의 형제가 8남매, 그리고 우리 형제가 7남매이니 온 가족이 모이면 넉넉잡아 오십이 넘었다. 그래도 어머니는 중심에 서서 온 가족이 풍성히 먹고도 남을 정도로 맛난 음식을 많이 하셨고, 웃음 한번 잃지 않으셨다.

그런데 어머니는 이제 더 이상 넘치는 마음으로 반겨주지도, 따뜻한 품을 보여주시지도 않는다. 오래 전에 그 자리를 비우셨다. 때문에 고향에는 이제 중심이 없는 것이나 마찬가지다. 그러다 보니 그렇게 손꼽아 기다리던 명절에 대한 그리움도 사라졌고, 늘 포근함을 기대하게 했던 고향의 넉넉함도 사라졌다. 오히려 추석 명절에는 풍성함보다는 쓸쓸함을 느끼곤 한다.

그래도 다행인 것이 나에게는 어머니 대신 장모님이 어머니의 빈자리를 메워 주신다. 장모님의 품에서 느껴지는 포근함이 어머니의 그것과 많이 닮았다. 그래서 나는 더 장모님에게 다가가는지도 모른다. 어떻게 보면 큰 행운이다. 난 장모님을 어머니라고 생각한다. 생각하는 정도가 아니라 어머니시다. 이제 팔순을 바라보시니 젊은 장모님은 아니지만 장모님께서는 내게 있어두 어머니의 자리를 메워 주시는 분이다. 가끔씩 오시면 부족을 베고 눕기도 하고, 가슴을 만지기도 하고, 안아보기도 한다. 사십 후반의 나이에도 철없는 손자 같은 행동을 한다. 그 따뜻함이 아마 고향을 느끼게 하고, 딸들이 느끼는 그런 친정의 느낌을 느끼게 하는 것 같다.

어머니 얘기를 이렇게 늘어놓는 이유가 있다. 결론적으로 말하면 퇴사자에게 있어서 회사는 친정이나 고향 같은 느낌이 들게 하면 좋을 것 같다는 생각 때문이다. 고향이 있지만 고향의 느낌을 못 느끼는 것은 어머니가 안 계시기 때문이라고 앞에서 말했다. 그와 마찬가지로 아무리 고향 같은 회사라도 반겨 주는 사람이 없다면 고향 같은 느낌이 들지 않을 것이다. 따라서 바로 임원이 어머니 같은 존재로 중심이 되어야 하는 것이다.

직원이 회사를 그만 둔다고 해서 그것으로 끝이 아니다. 얼마동안 근무를 했든 그 직원에게는 인생의 한 때를 보냈던 곳이 될 것이고, 기억의 한구석을 늘 차지하는 곳이 될 것이다. 공간적인 부분보다는 감정적인 부분이 많을 것이다. 직원들과 함께 했던 추억이 있을 것이고, 임원과의 관계에서 꼭꼭 숨겨 놓은 비밀도 있을 것이다. 어떤 회사는 퇴사하고 나면 두 번 다시 안 보는 원수지간이 되는 경우도 있다고 한다. 퇴사는 끝이 아니라 새로운 관계, 즉 회사와 직원과의 관계는 아니지만 또 다른 관계의 시작인 것이다.

퇴사자로부터 회사가 낯설게 느껴지고 먼 곳이 되어 버리는 것은 쓸쓸한 일이다. 퇴사자 또한 고객이다. 고객이기 때문에 고향 같은 느낌이 들게 하라는 것은 아니다. 심지어 요즘 어떤 기업에서는 퇴사자를 위한 초청 잔치를 여는 등 이벤트를 마련한다고 한다. 왜 그러는지는 여러분이 생각해 보기 바란다.

어떤 이유에서든 퇴사자는 생긴다. 언제까지 모두가 함께 지낸다면 좋지만 그럴 수 없다는 것을 다들 안다. 우리 회사는 특별히 퇴사자한테 잘 하라고 당부한다. 특히 경영지원팀은 그 역할의 모범이 되어야 한다고 강조한다. 퇴사자는 이런저런 이유로 다녔던 회사에 서류발급 등을 요청한다든지 부탁할 일이 많다. 그런 때 해당부서에서 좀 더 관심을 가져주고, 적극적으로 지원한다면 회사 다닐 때와는 또 다른 느낌을 가질 것이며, 나아가 회사를 마음으로 응원하는 사람이 될 것은 분명하다.

퇴사자에게 임원이 어머니 같은 역할을 하고, 다른 직원들을 형제자매의 역할을 한다면 퇴사자는 그 회사의 충성고객이 될 뿐만 아니라 어느 날 다시 입사하고 싶어질 수도 있다. 밥그릇에 밥을 많이 담으면 오래도록 밥이 따뜻하다. 회사를 거쳐 간 사람들에게 더 많은 정을 주다 보면 퇴사자뿐만 아니라 현재 회사에 다니고 있는 직원들 역시 더 따뜻한 밥을 먹게 될 것이다.

가끔씩은 **짜장면**을 맛보게 하라

직원들은 빈틈없이 정확한 임원을 숨 막혀 할 수도 있다. 흐트러진 모습을 보이라는 것이 아니라 가끔씩은 의도적으로라도 규칙을 깨뜨려 보라는 것이다. 늦게 출근하기도 하고, 일찍 퇴근하기도 해라. 직원들이 속으로 한껏 여유로움을 가질 것이다.

이느 해인가 송년회 때 임원들이 직원들 앞에 나서서 개그프로에 나오는 '마빡이 가발'을 쓰고 마빡이 흉내를 내는 춤을 춘 적이 있다. 조금 과장하면 모두 의자가 뒤로 넘어질 정도로 웃었다. 그 모습이 웃겨서 웃은 것도 있겠지만 무엇보다 평소에 못 보던 모습을 봤기 때문에 그렇게 신나게 웃어댔을 것이다.

임원이라고 하면 정형화되고 빈틈이 없어 보이며 생활에 있어서도 친무친미한 사람처럼 느껴진다. 늘 그렇게 보이는 것이 나쁜 것은 아니다. 그러한 모습을 통해서도 임원의 권위는 만들어지는 것이기 때문이다. 그런데 그러한 모습이 전부라면 그것은 너무 빡빡하게 느껴질 수 있다. 그런 모습 이면에 인간적인 모습이 있다는 것을 가끔씩 표현하는 것도 직원들의 마음을 여는 좋은 방법 중에 하나이다.

마빡이를 흉내 내면서 이제 내 좋은 이미지는 다 날아갔다고 생각하는 임원은 스스로를 옹졸한 임원으로 만드는 것이다. 반면에 나의 평상시 모습은 까다롭고 빡빡했지만 마빡이를 흉내낼 정도로 여유로운 사람이고 인간적인 사람임을 나타낸 것에 대해 기뻐한다면 그 임원은 훌륭한 임원이다.

늘 똑같은 모습은 일관성이 있어 보이기도 하지만 질리기도 한다. '임원도 실수를 하는구나', 혹은 '저 임원도 나와 비슷하게 망가지기도 하는구나'라는 것을 느끼게 되면 직원들은 생각보다 훨씬 가까워진다. 꼭 서로 비밀 하나씩 주고받은 것처럼 말이다.

나는 잔소리도 많이 하고, 잘못에 대해서는 눈물 날 정도로 혼내기도 하는 까다로운 사람이다. 그래서 사무실에서 일을 하는 동안에는 누구보다 직원들을 숨 막히게 할 수도 있다. 그러나 사무실을 벗어난 장소나 업무와 관련이 없는 상황에서는 상대방을 위해 빡빡함은 내려놓는다. 누구보다 농담도 많이 하고, 개인적인 일들을 많이 묻기도 한다. 그러면서 사무실에서 보인 팽팽함을 지속시키지 않고 마음으로 가까이 다가가고자 노력 한다. 주5일제를 시행하기 전에는 토요일은 거의 짜장면을 먹는 날이었다. 왜 그랬는지는 모르지만 토요일 점심은 중국집으로 줄지어 가서 먹었던 기억이 난다. 억지로라도 이유를 찾는다면 여유로움 때문이 아니었을까 생각된다. 주말이라는 여유로움을 느끼기 위해 짜장면을 먹었을 것이라는 생각이 든다.

임원도 가끔씩은 사무실에서 늘 보이던 모습과 다른 흐트러진 모습이나 지극히 인간적인 모습을 보인다면 직원에게는 짜장면을 먹는 그 느낌이 들게 할 수도 있다. 그 솔직한 모습이 마음까지 얻을 수 있는 리더가 되게 한다. 가끔씩 밤늦게 사무실에 들러 보곤 하는데, 그때 일을 하고 있는 직원을 보면 기분이 참 좋다. 막 달리고 싶을 정도로 내 역할을 더 잘해야겠다는 생각이 든다. 그 때에 따뜻한 말을 건넨다. 그 말을 들은 직원은 우연찮게 짜장면을 먹는 기분이 들 것이다.

또 어떤 때에는 아침에 이유 없이 늦게 출근한다. 매일 일찍 출근하는 나의 정돈된 모습만을 봐 온 직원들에게 약간은 긴장을 풀 수 있는 시간을 주는 것이다. 반대로 아침에 아주 일찍 출근할 때면 일찍 나와 조용히 최선을 다할 하루를 준비하는 직원을 보게 된다. 그럴 때는 조용히 다가가서 등을 두드려준다. 이 또한 짜장면을 맛보게 하는 것이다. 이런 모습을 보면서 나 또한 짜장면을 먹는 시간을 갖는다. 임원은 사령관도 아니고 감독관도 아니다. 그런데도 자꾸만 사령관이나 감독관으로 보이는 경우가 있다. 의도적으로라도 그런 이미지를 깨부숴라. 나와 직원을 갈라놓은 벽도 함께 부서질 것이다.

5강

—

회사의 **소문**은 **민들레 홀씨** 같다

　발 없는 말이 천리를 간다. 천리만 갈까. 구만리 마음속을 휘젓고 다닐 것이다. 바람만 불어 주면 어느 방향인지도 모르고 마음껏 날아다니는 민들레 홀씨처럼 말이다. 소문은 만들지도 말고, 퍼뜨리지도 말아야 한다. 민들레의 쓴 진액보다 더 쓴 맛을 보고 싶지 않다면.

　〈남자의 자격〉[6]에 출연했던 김국진이라는 사람을 모르는 이는 드물 것이다. 김국진이 언젠가 MC를 보면서 '나는 남의 이야기를 하지 않습니다'라고 한 적이 있는데, 그 말이 오래도록 기억에 남는다. 그를 보면서 나 또한 남의 이야기를 하지 않는 사람이 되어야겠다고 스스로 다짐하기도 했다. 어떤 내용에서 그

---

6) 〈남자의 자격〉(남세 죽기 전에 해야 할 101가지, 약칭: 남자)은 2009년 3월 29일부터 2013년 4월 7일까지 KBS 2TV에서 방영한 리얼 버라이어티 '남자' 프로이다.

이야기가 나왔는지는 모르지만 이야기를 듣고 많은 감명을 받았다. 그 때는 김국진이 지금의 유재석만큼이나 유명세를 떨칠 때였다.

혀가 짧아 발음이 약간 불안정한 것 같아도 MC로서 1위의 자리를 지킬 수 있었던 것은 그러한 가치관의 역할이 컸을 것이다. 그런데 그는 몇 년이 지난 후 여러 가지 악재가 겹치면서 인생의 굴곡을 겪기도 했다. 재기가 어려울 것이라고 하는 사람도 있었지만 나는 개인적으로 분명히 또 다시 텔레비전에서 그의 당당한 모습을 자주 보게 될 것이라고 믿었다. 왜냐하면 그는 '대단한 사람'이기 때문이었다. 남의 말을 하지 않는다는 것은 말처럼 쉬운 일이 아니다. 그런데 김국진은 그것을 오래도록 지킨 것이다. 그 후 당연히 재기했으며, 한 프로그램에 나와서 '청춘에게 고하다'라는 내용으로 특강을 진행했는데 우연찮게 그 모습을 시청했다. 인생을 '롤러코스터' 타는 것에 비유해 자신의 내리막길 인생을 말했다. 그것을 보면서 김국진에게 또 다시 감명을 받았던 기억이 있다.

반드시 지켜야겠다고 다짐하면서 기준을 정하고 산다는 것은 쉬운 일이 아니다. 그 누구와의 약속도 아니고 자기 자신과의 약속이다. 그러한 약속 중에서도 남의 말을 하지 않는다는 것은 가치 있는 일이면서 지키기 어려운 약속이다. 요즘은 사실이 아닌 이야기들이 인터넷을 통해 나돌면서 엄청난 파장을 일으키는 세상이다. 『탈무드』에 '험담은 세 사람을 죽인다'라는 말이 있다. 험담한 사람과 험담의 대상, 그리고 그것을 들은 사람까지 세 사람을 말하는 것이다. 그만큼 험담이 무서우며, 하지 말아야 한다는 것을 강조한 것이다.

회사 내에도 온갖 소문과 험담이 무성하다. 직원들은 얼굴 맞대고 만나서 얘기하지 않아도 각종 메신저 프로그램으로 얼마든지 대화가 가능하다. 그렇기 때문에 예전과 비교해서 소문과 험담의 전파 속도 역시 대단하다. 또한 메신저 상으로만 대화하다 보니 사실과 전혀 다르게 전해지기도 하고, 실제의 감정과 다른 감정의 높낮이로 전달되기도 한다. 전달하고자 하는 감정을 눈이 아닌 모니터를 통해 나누다 보면 어느 정도의 감정의 크기로 어떻게 전달되는지 아무도 모른다.

우리 회사도 메신저로 인해 골머리를 썩는다. 그렇다고 없앨 수도 없다. 메신저는 단점이 있는 반면 업무에 효율적으로 이용되기도 하기 때문이다. 메신저를 사용하지 못하게 할 수도 없고, 그것을 검열할 수도 없는 노릇이다. 그러면 어떤 방법으로 소문이나 뒷담화, 험담 등이 무질서하게 돌아다니는 것을 막을 수 있을까.

그 첫 번째 방법은 바로 '투명함'이다. '유리창 경영'이라고도 한다. 무엇인가를 숨긴다는 생각이 안 들게 하는 것이다. 공개할 수 있는 것은 거침없이 공개해서 불필요한 궁금증을 갖지 않게 한다. 그렇게 정보에 대해 공개하고 공유하면 궁금증이 줄어든다. 남의 이야기를 하거나 듣기를 좋아하는 것은 궁금증 때문이다. 회사에 대한 소문은 이런 방법으로 해소해 나간다. 여하튼 자꾸 공개하다 보면 뒤에서 궁금해지는 것이 줄어들어 점차 무감각해질 것이다.

두 번째는 앞에서 구시렁구시렁 거릴 수 있는 공식적 창구를 마련해 주는 것이다. 쉽게 말하면 건의나 제안 제도를 정비하는 것이다. 어떤 회사든 이러한 제도가 있는데 잘 운영되지 않는 것이 공통된 특징이다. 제대로 운영되게 하는 방법은 의외로 간단하다. 그러한 채널을 통해 나온 것들을 초기에 몇 건만이라도 귀를 기울이고 신중하게 검토하여 피드백을 해 주는 것이다. 그렇게 한다면 분명 자연스럽게 그것을 이용하게 될 것이고 그 제도는 바르게 자리 잡게 될 것이다.

물론 말처럼 쉬운 일은 아니다. 위 두 가지 방법 모두 하루 아침에 자리 잡을 수는 없다. 노력이 필요하다. 그 노력의 기준을 정하고 묵묵히 지켜보고, 또 고삐를 조이는 사람이 바로 임원이다. 회사가 불필요한 소문으로 웅성거린다면 임원이 제일 답답하다. 왜냐하면 임원은 앞에서 수레를 끄는 사람인데, 수레바퀴에 자꾸만 돌이 걸리는 것과 같기 때문이다.

바로 변할 것이라고 기대하지는 말기 바란다. 시간이 걸리는 일이다. 소문 만들기나 험담 늘어놓기로 시간을 보내는 직원이 줄어든다는 것은 그만큼 회사가 기름칠이 잘 된 수레바퀴를 가지는 것에 비유할 수 있다. 그래서 노력이 필요하고, 노력하다 보면 당연히 좋은 결과를 얻게 되는 것이다.

누군가의 통제가 아니라 스스로 깨달아 실천하는 것보다 더 좋은 것은 없다. 그러나 스스로 통제가 안 된다면 누군가의 개입이 필요하다. 구성원들이 마약에 빠지듯 험담의 달콤함에 빠져 그 노예가 되지 않도록 하기 위해서는 사태의 예방을 위해 임원이 개입하여 장기적인 계획을 세우는 것도 하나의 방법이다. 이러한 노력의 과정이 축적되다 보면 직원들 모두가 스스로 바른 가치관을 가지는 환한 회사가 될 것이다.

진실성은 리더십의 가장 가치있고
중요한 덕목이다. 항상 자신의 말을 지켜라.
브라이언 트레이시 Brian Tracy _ 브라이언 트레이시 인터내셔널 회장

작은 것 여러개보다는 큰 것 하나

> 보상을 잘 못하면 하고도 욕먹는다. 무엇보다 직원들이 원하는 것
> 이 무엇인지를 파악하라. 그리고 예산을 보라. 작은 것 여러 개보다
> 는 그것을 합친 한 개가 나을 것이다. 큰 것은 오래 기억에 남기 때문
> 이다. 그리고 조금씩 더 큰 것으로 높여 나가라.

누군가에게 선물을 하고자 할 때에 어떤 선물을 할까 고민해
본 적이 있을 것이다. 선물이 큰 선물이든 작은 선물이든 고민을
하게 된다. 그 고민에는 상대방이 더 좋아하고 만족할 만한 선물
을 고르고자 하는 마음이 담겨 있다. 나를 위한 선물이 아니라 상
대방을 위한 선물이기 때문이다. '어떤 선물을 받기를 원할까,'
'이 선물을 받으면 기분이 어떨까' 등을 사전에 상상해 본다. 그렇
게 해서 어렵게 선물을 고르고 정성스럽게 포장하여 선답한다.

선물을 받고 기분이 안 좋은 사람은 없을 것이다. 하지만 선물을 받았을 때 기분 좋아하는 정도의 차이는 있기 마련이다.

회사에서도 직원들에게 선물을 한다. 그 선물을 복리후생이라고 할 수 있다. 복리후생은 임금과 달리 간접적 복리후생이다 보니 회사마다 종류와 정도가 다르다. 회사 상황에 맞게끔 구성되어 있다. 이러한 회사의 복리후생 또한 개인 간에 선물을 하는 것과 별반 차이가 없다. 상대방이 어떤 선물을 좋아할지 상대방 입장이 되어 고민하기도 하고, 내 형편에 맞는 선물을 고르는 것처럼 회사도 이러한 과정을 거친다.

회사의 복리후생 제도에는 여러 가지 기능이 있겠지만 그 중에서도 직원에 대한 동기부여와 회사의 이미지 개선이 주된 기능이라고 할 수 있다. 최근에는 직원들의 욕구가 변함에 따라 의료·보건지원에서부터 문화·체육지원 등을 그 제도로 도입한 회사가 늘고 있다. 또한 직원들이 직접 선택할 수 있게 하는 카페테리아Cafeteria식 선택적 복리후생 제도도 도입되고 있다. 이런 변화는 '선물을 받는 사람의 만족감을 높인다'는 데에서 시작된 것이다. 특히 이러한 제도를 정할 때 직원들을 직접 참여시키는 변화도 있다. 우리가 선물을 고를 때 상대방에게 '어떤 선물을 받고 싶은지'를 먼저 물어보는 것과 같다.

복리후생에 있어서 또 하나 중요한 부분은 회사의 사업계획과 연계되어야 한다는 것이다. 회사의 예산이나 계획, 그리고 운영의 공정성 등을 사전에 고려해야 한다. 우리가 선물을 준비할 때 내 주머니 사정을 고려하지 않고 무리하여 큰 선물을 준비한다면 받는 사람 입장에서도 부담을 느낄 수 있다. 회사의 상황을 고려하지 않은 채 선심성 제도를 마련하는 것을 직원들 역시 좋아할 리가 없다. 아무리 좋은 제도라도 1년도 유지를 못하거나 회사가 어렵다고 없애는 그런 제도가 되어서는 안 된다. 또한 복리후생 제도는 일희일비 형태로 운영되어서도 안 된다. 실적이 좀 좋다고 펑펑 쓰고, 어려워지면 바로 삭감하거나 중단하는 그런 형태로 운영되면 내부 고객의 불만뿐만 아니라 외부 고객에게도 좋지 않은 평을 받을 것이다.

그러한 판단을 하는 것이 바로 임원의 역할이다. 임원이 회사의 미래를 스케치하는 사람으로서 어느 정도 수준의 복리후생이 필요한지를 가늠하는 것이다. 임원의 스케치가 바로 회사의 중장기 계획이다. 그 계획과 연계하여 복리후생 제도를 마련하는 것이 가장 실효성이 높을 것이다. 지금 당장 여유 있다고 너무 부담스러운 제도를 도입하는 것보다는 한 단계씩 나아지는 그런 형태로 도입하는 것이 타당할 것이다. 회사든 개인이든 비용의 효율성을 고려하지 않을 수 없기 때문이다. 선물이라는 것은 받는 사람이나 주는 사람이나 둘 다 기분이 좋아야 의미가 있는 것이다.

중소기업에 있어서는 다양한 형태의 복리후생 제도도 중요하지만 회사를 대표하는 '스타성 복리후생 제도'를 한두 개 정도 도입하는 것도 조직의 유효성을 증대시키는 데 도움이 된다. 그 제도를 통해 우수인력도 유치하며, 기업이미지도 개선할 수 있다. 무엇보다 조직구성원의 만족도를 높여 동기부여를 이끌어 낼 수 있기 때문이다.

우리 회사 또한 중소기업이다. 그래서 스타성 제도라고 할 수 있는 '주거안정자금 융자제도[7]'를 도입했다. 물론 회사에 무리가

---

7) 주거안정자금 융자제도: 근로자의 주거생활 안정을 위해 부동산 매입·전세 자금을 저금리로 대여해 주는 복리후생제도이다.

되는 선심성이나 과시성의 제도가 아니다. 회사의 상황을 충분히 고려한 제도이다. 이 제도를 통해 조직의 유효성을 톡톡히 확인하고 있다. 또 어느 해에는 전 임직원이 해외연수를 간 적이 있다. 비용 부분에 있어서 부담이 없을 수는 없었지만 다른 것을 아껴 추진했다. 그 효과는 대단했다. 우선 직원의 만족감이 컸다. 전 직원의 자부심과 자존감을 높였고, 가족 또한 마음을 함께했다. 게다가 경쟁력 있는 회사로 업계에 모범이 되었으며, 이를 통해 실제로 우수한 인재를 확보할 수도 있었다.

위의 제도는 작은 것 여러 개보다 큰 것 하나라는 기준에 의해 진행된 것이다. 그렇다고 해서 작은 것을 경시하자는 것은 아니다. 한 가지 예를 들면, 우리 회사는 매년 단풍이 물든 늦가을이 되면 직원의 가족들도 초청하여 등반대회를 한다. 가족과 함께 하는 행사여서 여유로움이 넘친다. 등반이 끝나면 시간이 걸리더라도 모든 가족을 일일이 소개한다. 그리고 자녀들에게는 사전에 조사하여 준비한 각각 다른 선물을 지급한다. 이렇게 하다 보니 행사 때마다 자녀들이 먼저 가자고 성화를 한다고 한다.

우리 회사는 행사 때 가족들이 많이 참석하기로 소문난 회사다. 이것이 쉬운 일이 아니기에 소문이 났을 것이다. 돌아갈 때는 등산한 지역의 특산품을 선물한다. 가령 '속노란 고구마'나 '옥광밤' 등이다. 선물은 작은 것이라도 그만큼 정성이 중요하다. 작은 것이라도 직원뿐만 아니라 가족까지 만족하는 선물을 준비한 것이다.

회사의 고민, 즉 임원의 고민으로 정성스럽게 준비한 선물을 직원들에게 선물한다면 직원들 가족까지도 든든한 후원자가 되어 열린 마음으로 진정한 파트너가 되겠다고 달려올 것이다. 상대방이 깜짝 놀랄 정도로 정성이 담긴 특별한 선물은 늘 고민해야만 찾을 수 있다.

자기 자신은 머리로 다스리고,
다른 이들은 가슴으로 대하라.

엘리너 루즈벨트 Anna Eleanor Roosevelt _ 루즈벨트 전 대통령 영부인

—

약속은 지키기 위해 하는 것이다

신뢰에서 신信은 사람人의 말言을 나타낸다. 신뢰는 사람의 말로부터 형성되는 것이다. 책임질 수 있는 말만 하라. 지키지 못하는 것은 약속이라고 할 수 없다. 임원의 말 한마디가 곧 회사의 정책으로 비춰질 수 있다.

지키지 않을 것이라면 약속을 하면 안 된다. 그것은 약속이 아니다. 약속은 지키기 위해 하는 것이고 약속을 하는 것은 꼭 지키겠다고 다짐을 하는 것이다.

어려서부터 이런저런 약속을 많이 하면서 약속하는 방법을 배웠다. 그런데 약속이 잘 지켜지지 않는 경우가 꽤 많다. 약속하는 방법은 많이 배웠지만 약속을 지키는 방법은 제대로 배우지 않았기 때문이다. 잘 지켜진 약속은 드러나지 않지만 지키지 않은 약속은 잘 드러나는 법이다. 그 지켜지지 않은 약속 때문에 갈등도 발생하고 문제도 생기게 된다.

지키지 못할 약속이라면 애초부터 약속을 하는 것이 아니다. 약속을 통해 그와 연계된 사람들은 기대를 하게 되고, 그에 따라 계획을 잡았을 것이다. 그런데 약속이 깨지면 허무함보다는 배신감을 느낄 수도 있다는 생각이 든다.

내가 만나는 사람을 두 부류로 나누면 '약속을 잘 지키는 사람'과 '약속을 잘 안 지키는 사람'이다. 잘 지키는 사람은 늘 잘 지키고, 그렇지 않은 사람은 습관적으로 약속을 어긴다. 중요한 것은 습관이다. 약속을 중요하게 생각하지 않는 사람은 어려서부터 그런 습관을 키워 온 것이다.

약속은 두 사람 사이의 사소한 시간 약속에서부터 수백만 명의 삶과 관련된 정치인들의 중대한 약속도 있다. 작은 약속을 잘 안 지키는 사람이 큰 약속은 잘 지킨다는 것은 기대할 수 없는 일이다. 그것은 그 사람의 습관이자 가치관이기 때문이다.

약속을 잘 지키는 사람에게는 늘 믿음이 간다. 즉 신뢰가 느껴진다. 신뢰에서 신信은 '사람 인人'과 '말씀 언言'을 합한 한자이다. 신뢰는 우리가 내뱉는 말로부터 형성된다. 약속도 말을 통해서 이루어진다. 지킬 수 없는 말이나 지키겠다고 하고 못 지키는 말이나 모두 책임감이 없는 것이기에 그것은 약속이 아니다. 만약 그러한 일이 두세 번 일어나면 이미 그는 약속을 지키지 않는 사람일 뿐만 아니라 신뢰가 없는 사람으로 낙인 찍히게 된다.

신뢰가 없는 사람으로 찍히는 것은 조직에서는 치명적인 일이다. 그만큼 두려워해야 하는 일이다. 특히 조직에서 리더의 자리에 있는 사람의 말 한마디는 조직의 방향을 좌지우지한다. 그런데 그 말 한마디를 쉽게 내뱉을 수가 있겠는가.

임원은 신중에 신중을 기하여 약속을 하고, 약속을 했다면 목숨을 걸고라도 그 약속을 지켜라. 특히 직원에게 한 약속이면 더 그렇게 해야 한다. 그게 무너지면 다 무너진 것이나 다름없다. 약속을 지켜나가는 것이 가장 쉽게 권위를 만드는 것이기도 하다. 반면에 '언행불일치言行不一致'는 스스로를 무너뜨리는 가장 쉬운 행동이다.

약속을 할 때 한 가지 간과하기 쉬운 부분이 있다. 약속을 명확하게 해야 한다는 것이다. 즉 표현을 명확하게 했느냐는 것이다. '나는 이렇게 표현했는데, 왜 그렇게 해석했느냐. 나는 그렇게 말한 적이 없다'며 다투는 것을 본 적이 있다. 나 또한 이런 경우를 허다하게 경험했다. 그래서 상대방과 약속할 때는 재차 반복하여 그 내용을 확인해야 한다. 두루뭉술한 표현이 아니라 간결하고 명확하게 약속 내용을 정리하는 것이 중요하다.

임원이라면 약속을 할 때 명확하게 표현하는 방법을 터득 해야 한다. 표현하고 확인하는 것은 그렇게 하는 과정에서 머릿속에 더 강하게 각인되기 때문에 약속을 더 잘 지키게 된다. 책임 있는 자리인 만큼 책임질 수 있는 약속을 하는 임원이 되어야 한다. 이러한 임원은 인생이나 일에 임하는 자세부터 남다르다.

— ◆ ◆ ◆ —

약속을 지키는 것은
자기를 다스리는 능력의 표현이다.
브라이언 트레이시 Brian Tracy _ 브라이언 트레이시 인터내셔널 회장

— ◆ ◆ ◆ —

8강

—

불가근 불가원 不可近 不可遠의 관계

임원과 직원의 관계는 너무 멀지도, 너무 가깝지도 않아야 한다.
이를 유지하는 것은 임원의 몫이다. 어떤 때는 멀리 우두커니 서 있다
가도 어떤 때는 다정히 옆에 서 있는 임원이라면, 어려우면서도 가장
대화하고 싶은 존재가 될 것이다.

기자들이 이런 말을 하는 것을 들었다. '취재원과 너무 멀지
도, 너무 가깝지도 않은 관계를 유지해야 한다.' 그러면서 한 마
디를 더 덧붙였다. '그것이 참 어렵다'는 것이다.

어느 정도 가까워야 하고, 어느 정도 멀어야 하는지를 정한다
는 것은 참으로 어려운 일이다. 우리나라 사람들은 '적당히'라는
표현을 많이 쓴다. 하지만 '적당히'만큼 어려운 기준이 없다. '적
당히'가 '대충'을 의미한다고 생각할 수도 있지만 실대 아니다. 그

것은 오랜 경험을 통해 경지에 오른 사람들이 어떤 식으로든 일관성 있게 동일한 정도를 유지하는 것을 의미한다. 달인들이 대충 하는 것 같지만 동일한 모양과 동일한 크기를 어떤 조건에서든 유지하는 것과 일맥상통한다.

인간은 좀 친해지면 더 가까워지고 싶고, 조금이라도 서운하면 더 멀어지고 싶은 습성을 갖고 있는데, 이를 스스로 통제하기란 쉽지 않은 일이다. 지극히 개인적인 생각이지만 기자를 예로 들자면 적어도 5년 이상은 기자 생활을 해야만 이것을 나름대로 잘 정리해 나갈 것이라 본다.

임원과 직원과의 관계를 두고 '불가근 불가원不可近 不可遠'의 관계가 되어야 한다고 주장하고 있지만 나 또한 정확하게 그 기준을 정하지 못하고 있을 뿐만 아니라 나름대로 어려움을 갖고 있다. '불가근 불가원'하면 고슴도치가 생각난다. 고슴도치의 어미와 새끼의 관계가 이것이 아닐까 싶다. 여느 어미와 새끼 간에 느끼는 그 사랑이 고슴도치에게도 분명히 있을 것이다. 그렇지만 사랑을 표현하기 위해 너무 가까이 다가갈 수 없다. 그렇다고 그 관계를 끊고 멀리 갈 수도 없다. 어미와 새끼의 관계이기에 새끼는 어미 옆에 붙어 있는다. 임원과 직원과의 관계에서 '불가근 불가원'의 관계도 이런 것이 아닐까 생각된다.

'적당한 관계'라는 것은 참으로 어렵다. 그런데 중요한 것은 '적당한 관계'를 유지하는 주체가 직원이 아니라 임원이라는 것이다. 임원이 주체라는 것은 임원이 그것을 적절히 조절할 책임이 있다는 것을 말한다. 어떤 조직에서든 임원이 되었다면 5년 이상은 직장생활을 했을 것으로 본다. 5년 이상의 직장생활을 했다면 나름대로는 그 관계를 정리할 수 있을 것이다.

회사가 아니라 사적인 관계라면 이런 것을 크게 고민할 필요가 없다. 얼마든지 가깝게 지내도 되고, 보기 싫으면 안 보면 된다. 그렇지만 회사이기에 노력이 요구되는 것이다. 이 책을 통해 임원에게 이것저것 요구하다 보니 임원이라는 자리가 참 어려운 자리라는 생각이 든다. 사실이다. 임원의 자리는 어려운 자리이다. 그래서 아무나 그 자리에 앉는 것이 아니다. 그리고 그 자리에 앉았기 때문에 꾸준히 더 큰 노력을 해야 하는 것이다.

고슴도치의 어미가 새끼를 품어 주지는 못하지만 사랑의 마음만큼은 끊을 수 없는 끈으로 엮겨되어 있다. 이와 마찬가지로 임원과 직원의 관계에 있어서도 사랑의 마음은 중요한 기준이 된다. 멀리 있다고 하더라도 마음이 전해지는 것이 중요하고, 가까이 있다고 하더라도 마음이 전해지지 않는다면 멀리 있는 것이나 마찬가지다.

어떤 프로젝트를 진행하는 데에 있어서 임원이 사원들의 업무까지 관여하게 되면 직원들은 간섭한다고 싫어한다. 반면에 사원이 어떤 일을 하는지 임원이 잘 알지 못하는 것을 알게 되면 서운해 한다. 과연 어느 정도가 적당하다고 해야 하는가. 적당 하다는 것의 기준을 찾았더라도 이것은 한 번 정리하면 끝나는 것이 아니라 꾸준히 노력해야 하는 것이다.

지금까지 '적당히'의 기준에 대해 다양하게 이야기했다. 정리하자면 '적당히'는 의외로 간단하다. 그것은 정도를 말하는 것이 아니라 마음이 있고 없고를 말하는 것이기 때문이다. 임원이 직원에게 관심이 있고, 직원에 대해 언제든 다가갈 수 있는 마음만 있다면 그것이 바로 '적당히'의 관계인 것이다. 쉽게 말하면 보이지 않는 끈이 있는 관계이다. 그 끈만 있다면 멀리 있고 가까이 있고는 중요하지 않다.

성경에 "너를 잠잠히 사랑하시며"(스바냐 3:17)라는 구절이 있다. 잠잠히 사랑한다는 것을 생각해 보면 '불가근 불가원의 관계'를 알게 될 것 같다. 직원에 대해 보는 듯 안 보는 듯 조용히 지켜보는 사람이 임원이다. 다가가는 것이 필요할 때는 언제든 다가가 보듬어 주고, 조금 멀리서 봐야 할 때는 한 발 물러서서 기다리는 여유가 있는 사람이 임원이다.

직원들이 느끼기에 가장 근접하기 어려운 존재이면서도 마음으로는 한없이 가깝게 느껴지는 그런 임원과의 적당한 거리가 바로 불가근 불가원의 관계이다.

9강

—

사무실을 둘러보는 것도 일과다

시간 날 때마다 사무실을 둘러보라. 사무실 한 번 둘러봤을 뿐인데, 많은 것을 얻게 된다. 그것을 마다하고 방문을 닫아 놓거나 하루종일 방안에 있고 싶다면 얼른 짐을 싸서 집에 가서 그렇게 하라. 벽은 자꾸만 높아지는 습성이 있다.

여의도에서 20년 가까이 근무를 했다. 그래서 길을 가다 보면 잘 모르는 사이지만 낯익은 얼굴들을 스칠 때가 많다. 어떤 때는 나도 모르게 목례를 할 뻔 하기도 한다. 이제 음식점들도 거의다 안다. 음식점 아주머니의 머리 스타일이 바뀐 것까지 알 정도이다. 아주머니의 스타일이 바뀌었을 때 그것을 알아 봐 주면 반찬 리필은 기본이다. 또한 몸이 안 좋아 보일 때도 있는데, 그때도 어김없이 알아보고 인사를 건넨다.

근무는 안 하고 주변만 둘러보며 다녀서 그런 것은 아니다. 많은 시간이 흘렀고, 오래도록 봐 왔기 때문에 눈에 익은 것이다. 그런데 한 곳에서 20년 가까이 근무했다고 모든 사람들이 다 그렇게 훤하게 꿰뚫지는 못한다. 사소한 것에도 관심을 가졌느냐 안 가졌느냐의 차이이다.

이것은 회사에서도 마찬가지다. 방문을 닫아 놓고 하루 종일 보내는 임원이 있다. 무엇을 하고 있는지 아무도 모른다. 더구나 밖에서 보이지 않는 칸막이라면 밀실이나 다름없다. 한 회사의 임원이 하루 종일 밀실에서 보내면서 어떻게 구성원을 관리하고 비즈니스를 검토할 수 있을지 모르겠다. 탁상공론卓上空論을 위한 준비과정이라고밖에 할 수 없다.

임원한테 직원들에 대해서 잘 아느냐고 묻는다면 대부분은 잘 안다고 할 것이다. 하지만 그것은 착각이다. 코끼리 등판을 만져보고 바위라고 하는 것과 같다.

직원들과의 소통은 차치하고라도 그들이 일하는 모습은 보아야 하지 않겠는가. 힘들어 하는 직원은 없는지, 칭찬해 줘야 할 직원은 없는지, 아픈 직원은 없는지, 외근 나갔다가 땀 흘리며

들어오는 직원은 없는지, 한 눈 팔고 있는 직원은 없는지 둘러보고 싶지 않단 말인가. 이것을 감시하기 위한 것으로 착각할 수도 있지만 이것은 감시가 아니라 관심이다. 하루에 몇 번 만이라도 사무실을 둘러보라. 회사가 어떻게 돌아가고 있는지 다 알게 된다. 만약 직원들이 외부에 나가서 근무를 하는 경우가 있다면 그 직원들조차도 둘러보라. 자꾸 봐야 정情이 생기는 것이다. 둘러보다 마주쳐서 이런저런 얘기도 하게 되고, 돌아가는 얘기도 듣게 되고, 또한 회사의 움직임에 대해 정보를 공유할 수도 있다.

사무실을 잘 둘러보려면 임원실은 사무실 입구에서부터 가장 먼 곳에 잡는 것이 좋다. 그래야 더 많이 볼 수 있지 않겠는가. 사무실을 둘러보는 것부터 습관이 되면 밖으로도 쉽게 발길을 옮기게 된다. 고객사 직원도 만나고, 동종업계 사람도 만나고, 선배도 만나고, 후배도 만나면서 정보도 얻고 새로운 아이디어도 얻는 것이다.

나는 친구들에게 이런 말을 한다. 친구들이 사십대 후반이다 보니 다들 눈코 뜰 새 없이 바쁘다. 특히 원숭이띠라서 그런지 우리 나이들이 유독 더 바쁘게들 보내고 있다. 그런데도 나는 친구들에게 '엉덩이 평수를 넓히지 마라'고 우스갯소리로 이야기하곤 한다. 왜냐하면 자칫하면 사무실에 퍼져서 직원들을 쪼든가 어느 한 가지 일에 파묻혀 있을 수 있기 때문이다.

다니다 보면 눈이 뜨이는 경우가 많다. 업무의 성격과는 무관하다. 내 업무가 어떤 업무이든 임원이면 둘러보는 일이 기본 업무이다. 둘러보는 것은 사람을 만나서 교제하는 것이다. 벽을 세우고 그 위에 또 세워 장벽을 만들어 숨 막힌다고 후회하기 전에 장벽을 걷어내는 일부터 하기 바란다.

· · · ◆ · · ·

이제 나 원한 리더십의 핵심은
권위가 아닌 영향력이니.

켄 블랜차드 Ken Blanchard _ 켄 블랜차드컴퍼니 회장

· · · ◆ · · ·

10강

—

근태가 나쁜 직원에게
책임 있는 일을 맡길 수 없다

직장생활의 가장 기본은 근태다. 그 기본을 못 지키는 직원은 다른 일에도 그 신중함이 없을 가능성이 높다. 책임 있는 일을 맡기고 조마조마하게 지켜보기 보다는 아예 그 기회를 나중 으로 미뤄라.

나는 사람들을 만나면 이런 질문하기를 좋아한다. "당신은 몇 살까지 일하실 겁니까?" 대다수의 사람들은 "칠십, 팔십까지는 해야죠"라고 답을 한다. 그러면 한 가지 더 질문을 한다. "그때까지 일하시려면 뭐가 필요할까요?" 그러면 '자격증, 건강, 기술, 전문성 등이 필요하다'는 대답이 돌아온다.

과연 팔십까지 일하려면 무엇이 필요할까. 나는 여기에 대해서 나름대로 명확하게 정리를 했다. 그리고 사람들에게도 자주 그것을 이야기한다. 그것은 바로 '태도Attitude'다. 한 사람이 칠십이나 팔십, 본인이 원하는 시기까지 일할 수 있도록 하는 요건으로 자격증이나 어느 한 분야의 전문가가 되는 것도 중요하지만 그보다 더 중요한 것은 일을 대하는 태도이다. 태도라는 것은 이미 몸에 밴 성실, 정직, 끈기, 열정, 노력, 긍정, 배려, 예의 등을 나타낸다. 이런 것이 갖추어져 있지 않다면 자신이 아무리 좋은 기술이 있고, 능력이 있더라도 오랫동안 일을 하기는 쉽지 않다. 그것은 어느 조직에 고용되어서 일을 하든, 자신의 일을 하든 간에 동일한 것이다. 물론 건강도 중요한 요소이다. 건강 또한 이러한 태도가 몸에 배어 있다면 저절로 따라온다. 독자들도 주위 사람들에게 이러한 질문을 한번 해 보기 바란다. 어떠한 답이 나올지 궁금하지 않는가.

중학교 선생님이 한 학부모를 만나 이렇게 상담하는 것을 들은 적이 있다. 그 학부모는 사춘기를 힘들게 보내는 자녀에 대해 여러 가지로 고민을 하고 있는 상황이었다.

"공부하고 안 하고는 중요하지 않습니다. 반항을 하더라도 받아 주세요. 그런데 성실함만은 시기도록 해 보세요. 무엇을 하든 우선 책상에 오래 앉아 있는 연습부터 시켜 보는 겁니다. 그리고 아침 일찍 일어나는 습관을 들이도록 해 보세요. 일찍 일어나면 학교에도 지각하지 않을 겁니다."

오래전 일이고 누구나 할 수 있는 말 같지만 지금까지 기억하는 이유는 눈앞이 아닌, 먼 내일을 바라보도록 하면서 성실이 기본이라는 점을 강조했기 때문이다. 다 내려놓더라도 '성실'이라는 태도는 지키도록 하라는 상담이었다. 습관이 태도를 만든다. 습관만 되어 있으면 그게 태도가 되고, 그런 태도를 가진 학생은 마음만 먹으면 언제든 제자리로 돌아와 제 역할을 할 수 있을 것이다.

회사에서도 아무리 일을 잘하고, 많은 성과를 내더라도 근태가 안 좋은 직원은 위험인물이 된다. 회사가 나름대로 판단한 위험인물에게 중요한 일을 맡기지 않는 것은 당연한 일이다. 그렇다고 직원에 대해 편견을 가지라는 것은 아니지만 근태가 나쁜 직원이 높은 성과를 냈다고 하여 그동안 나빴던 근태에 대해 눈을 감아 준다거나 무마하고 넘어가거나 한다면 그것은 위험천만한 일이다. 일시적인 착시현상에 빠진 임원들이 저지르는 오류이다. 눈을 제대로 뜨고 다시 보아야 할 것이다.

　근태만큼 중요한 기준이 또 있다. 바로 공중도덕이나 기본 예의 등이다. 공중도덕을 지키지 않거나 기본 예의를 모르는 직원들이 간혹 있는데, 이러한 직원들은 유심히 관찰할 필요가 있다. 모르는 부분이 있으면 일깨워줘야 하기 때문이다. 이런 직원들일수록 가정생활에 문제가 있다든가 인간관계, 금전문제 등 주변이 복잡한 경우가 많다는 것을 경험했다. 또한 아주 하찮은 일일수도 있지만 책상 위에 종이컵이나 잡다한 서류들을 늘어놓는 등 주변정리를 잘 못하는 직원들이 업무의 마무리가 깔끔하지 않거나, 용모나 복장 또한 단정치 않은 경우가 많다.

　근태가 나쁜 직원은 우선 본인 스스로를 통제하지 못하는 경우가 많다. 그리고 중요한 업무임에도 그것을 가벼운 일로 치부하거나 기한을 어기는 경향이 있다. 그러다 보면 아주 중요한 것을 빠뜨려 낭패를 보는 경우도 생기게 된다. 이 사람들이 나쁜 사람이라는 것은 아니지만 그만큼 기본이 중요하다는 것이고, 그 기본이 바로 어릴 때부터 몸에 배어 온 태도이다. 근태가 나쁜 직원은 마음속에 신중함과 스스로에 대한 책임을 유지 하려는 근성이 약하다. 그렇기 때문에 스스로를 이기지 못한다. 이것이 임원이 가장 신중하게 생각해야 하고, 가장 두려워해야 할 부분이다.

근태는 기본이며 직원의 인격이다. 기본을 지키지 못하는 직원은 여러 가지로 불안함을 보일 가능성이 높다. 그런 직원에게 중요한 일을 맡기고 불안해하고 싶은 임원은 없을 것이다. 그렇다면 근태의 기준을 명확히 공지하고 그것을 지켜나가도록 잘 일깨워줘야 한다. 그래서 팔십까지 일하게 하는 주춧돌을 잘 놓을 수 있도록 도와줘야 한다.

11강

—

부모님 자랑 못하는 지원자는 뽑지 마라

세상에서 가장 소중한 사람은 부모님이다. 부모님에 대해 자랑을 못하는 사람은 그 소중함을 모르는 사람일 가능성이 높다. 부모님을 소중하게 생각하지 않는데, 어떻게 동료를 소중하게 생각하고 회사를 소중하게 생각하겠는가.

우리 회사는 면접 때 빠뜨리지 않고 하는 질문이 있다. "세상에서 가장 소중한 사람이 누구십니까?", "부모님 자랑을 한번해 보시겠습니까?"이다.

유치원, 초등학교 시절을 제외하고 부모님 자랑을 해본 적은 거의 없을 것이다. 그것도 성인이 되어서는 더더욱 그런 것이다. 그렇기 때문에 대부분의 면접 참가자는 이런 질문을 받으면 당황하는 모습을 보인다. 익숙하지도 않을 뿐더러 약간 민망한 부분도 있기 때문일 것이다. 하지만 우리 회사에서는 위의 두 가지 질문은 반드시 한다. 그러는 데는 이유가 있다.

세상에서 가장 소중한 사람에 대해서 소중하게 생각하고 자랑스러워하는 사람은 회사도 자랑스럽게 생각하고 동료도 소중하게 생각할 것이기 때문이다. 세상에서 가장 소중한 사람을 물었을 때 대부분의 면접자는 공통적으로 부모님이라고 한다. 간혹 여자 친구라고 자신 있게 말하는 면접자도 있기는 하지만. 부모님을 소중하게 생각하고, 자랑스럽게 생각하여 그것을 표현하는 면접자는 소중한 것을 소중하게 생각할 줄 아는 사람이다. 부모님에 대한 자랑은 면접이라는 긴장되는 순간에서도 부모님에 대해서 다시 한 번 생각하는 시간을 갖게 하고, 소중한 사람에 대해서 어떻게 표현해야 하는지 표현의 중요성 또한 깨닫게 한다. 가장 고마운 사람인데도 불구하고 부모님이니까 당연하다는 생각으로 고마움을 잊고 지내는 경우가 많기 때문이다.

입사 후에 직원들에게 물어보면 면접 질문 중에서 제일 당황했던 질문이 '부모님 자랑을 해보라'는 것이었다고 한다. 그런데 우리 회사는 여기에서 그치지 않는다. 오리엔테이션 일정 중에 또 다시 부모님을 생각하는 시간을 갖는다. 그리고 그것을 글로 작성한다. 회사에는 제출하지 않아도 되지만 본인은 간직하기를 권한다. 사회인으로서 첫 출발을 하면서 가졌던 부모님에 대한 생각을 1년 후, 10년 후에 스스로 다시 볼 기회를 주고자 하는 것이다. 마음속에 생각하는 것과 표현해 보는 것은 분명 차이가 있다. 그것도 글로 작성해 보는 것은 이러저러한 생각을 정리하는 데 도움이 된다. 한편 그것을 발표하는 시간에는 많은 직원들이 눈물을 흘린다. 나 역시 따라 울었던 때도 많다.

또한 우리 회사에서는 실제로 부모님께 사랑을 표현할 시간을 부여한다. 아침에 출근했는데 곧바로 다시 부모님을 만나러 가게 한다. 물론 예고 없이 부모님을 방문한다. 이때 여러 가지 미션이 주어지지만 그중 두 가지 미션이 가장 기억에 남는다고들 한다.

그 하나는 스스로 고민하여 부모님께 드릴 작은 선물을 준비하는 것이다. 넥타이, 스카프에서부터 코털깎기까지 종류 또한 다양했다. 또 하나는 부모님과 식사를 같이 하는 것이다. 물론 외식이면 더 좋다. 외식비를 지급하기 때문이다. 회사원이 되어서 그것도 근무시간 중에 오리엔테이션 과정을 통해 부모님과 식사를 한다는 것은 그 자체만으로도 기억에 남는 일일 것이다. 이러한 회사의 교육과정은 부모님들로부터 감사의 편지를 받을 정도로 좋은 문화로 자리 잡고 있다. 그리고 더 나아가 부모님이 자녀뿐만 아니라 자녀가 다니고 있는 회사를 늘 응원하게 된다.

나 또한 갑자기 부모님에 대해 자랑해보라고 하면 당황할 것 같다. 나이가 들수록 더 어려운 일이 된다. 더군다나 부모님의 사랑을 표현한다는 것은 그 자체가 어려운 일이기 때문이다. 또한 표현하는 순간 그 사랑이 몰려와 눈물이 먼저 반응을 보일지도 모르기 때문이다. 그렇지만 한 번쯤은 생각해 보고 그것을 표현해 본다면 더 큰 사랑을 깨닫게 될 것이다.

덧붙여 다른 얘기를 하나 더 하자면, 우리 회사는 조부모가 함께 생활할 경우, 즉 부모님이 할머니, 할아버지를 모시고 사는 경우에는 그 지원자에게 가산점을 준다. 이것 또한 우리 회사만의 독특한 기준이다. 어른을 알아보고 경로효친敬老孝親을 생활 속에서 배운 사람은 여러 면에서 모범적인 직장 생활관을 가진 경우가 많기 때문이다.

12강

—

술자리에서의 **충성 다짐**(?)

술은 용기를 내게 한다. 그렇다고 술을 통해 용기를 얻어 임원에게 충성을 다짐하는 직원이 있다면 우선 그 용기를 술잔에 빠뜨려 놓고 분별할 시간을 확보하라. 그 충성의 색깔이 보일 것이다.

"영원히 모시겠습니다. 믿어 주십시오."

술자리에서 이런 말을 하는 직원이 있었다. 그것도 무릎을 꿇은 상태였다. 물론 나한테 그랬던 것은 아니었다. 옆에 앉아 있던 그 사람의 사장한테 그러는 것이었다. 술을 많이 마시지도 않았는데, 다들 좀 당황스러운 상황이 되었다.

그리고 나서 몇 개월이 지나지 않아 정말 어처구니없는 일이 벌어졌다. 충성을 다짐했던 그 직원이 회사의 기술을 빼내 경쟁사로 가는 상황이 벌어진 것이다. 사인이 걸려 처벌을 받고 마무리가 되었지만 개인적으로는 많이 혼란스러웠다.

원래 나는 술자리에서 무분별하게 대화하는 것을 별로 좋아하지 않는다. 특히 '독대獨對'라는 것은 의도적으로 피한다. 20여 년의 직장생활을 통해 체득한 것이다. 술자리를 통해 감정을 내보이는 것을 못마땅하게 생각하기 때문이다. 그 감정은 내뱉는 순간 정제되지 않은 것으로 보인다. 그리고 술자리에서의 다짐이나 약속 등은 그것이 지켜지지 않았을 때 너무 관대하다는 것도 문제이다. 그래서 더욱 믿을 수가 없다.

대부분의 임원들은 이와 비슷한 경험을 한 적이 있을 것이다. 술은 나 자신을 위해서든 다른 사람과의 관계를 위해서든 불편함이나 어색함을 해소하고 편안해지고 좋아지려고 마시는 것이 대부분이다. 하지만 그렇지 않은 결과가 발생하는 경우도 많다. 그것은 술을 이용하여 이성을 뒤로 하고 감정을 앞세우기 때문이다. 바로 잘못된 용기가 생기는 것이다. 그 용기를 통해 감정이 이성을 이기게 된다.

임원이 감정을 앞세운 직원들에 대해서 분별력 있게 처신하지 못하면 그 조직은 어지럽고 취한 조직이 된다. 술자리에서는 여러 명을 대상으로 대화하는 것이 좋다. 술자리가 무르익으면 1:1의 대화를 원하는 직원이 생긴다. 평상시의 감정들을 표출하기 위한 대상을 찾다가 임원을 선택하게 되는 것이다. 어떤 임원은 그것을 인기로 착각하기도 한다. 그것은 인기를 나타내는 것이 아니라 오히려 불만이 많기 때문에 그럴 수도 있다. 만약 그렇게 1:1의 대화를 원하는 직원이 있으면 일부러 피하지는 말고, 자연스럽게 대화 내용이나 분위기를 바꾸는 것이 좋다. 그런 후 다음날 맑은 해장국을 사주면서 맑은 마음으로 대화의 시간을 따로 마련하라. 술자리에서 1:1 대화를 하다 보면 대화 자체도 의미 없는 것으로 흐를 가능성이 높지만 주위 직원들이 보기에도 안 좋아 보이고 괜한 오해가 생길 수도 있기 때문이다.

한편 한 명의 직원이 편안한 분위기에서 어떤 주제에 대해 애기하고자 1:1 술자리를 원하면 응하라. 대신 이성적으로 판단하라. 마음으로 만나되 술로 인해 책임질 수 없는 약속을 한다든가 다른 직원과의 형평성을 무너뜨리는 대화를 해서는 안 된다.

임원의 술자리는 그만큼 어려운 것이다. 직원들은 임원과의 술자리를 통해 해소하고자 하는 것들이 많기 때문이다. 해소를

위해 노력은 하되 합리적이고 이성적으로 해소되도록 한다면 그
자리에서는 다소 냉정해 보일 수도 있지만 나중에는 그것이 더
나았음을 알게 된다. 그러한 모습이 자리 잡게 되면 직원들도 술
자리에서 충성 다짐이나 감정을 흐트러뜨리는 행동은 하지 않
을 것이다.

　그래서 우리 회사는 삼겹살집이나 횟집 등에서 전체 회식은
하지 않는다. 시끄럽고 복잡한 곳에서 전체가 모이다 보면 혼란
스러울 뿐만 아니라 대화하는 직원만 대화하게 된다. 더구나 끼
리끼리 묶음이 되어 분열된 회식을 한다. 그러다가 어느새 혼자
술 마시는 직원이 생기고 소외되는 직원도 생기게 된다.

　회식은 화합을 위한 자리이다. 노고를 위로하기도 하고, 그
피로를 풀기 위한 모임이기도 하다. 또한 더 큰 약속도 하고 그
것을 위한 다짐도 한다. 그러기 위해서는 공통의 주제로 모두가
어울릴 수 있는 자리를 만들어야 한다. 그것이 회식이다.

13강

—

움켜쥔 손은 칼을 대서라도 **펴게 하라**

가진 것을 쉽게 내놓을 사람은 없다. 그러나 회사는 다르다. 개인의 것이 아니라 모두의 것이기 때문에 정보공유는 당연 하다. 그런데도 손을 움켜쥐고 있다면 과감하게 칼을 대서라도 손을 펴게 하라. 그게 경쟁력이 된다.

기업을 대상으로 '리더십 및 변화관리'에 대한 교육을 하는 친구가 한 명 있다. 그 친구는 자신만의 노하우나 지식 등을 여러 사람들과 거리낌 없이 공유하는 사람으로 유명하다. 그래서 한 번은 어떻게 그렇게 할 수 있는지를 물어봤다.

"내 자료를 가지고 다른 사람들도 돈 벌면 좋지 뭐. 그리고 그 것을 다른 사람과 공유하는 순간 나는 더 긴장하게 되고, 또 다른 것이나 더 나은 것을 찾아내기 위해 노력하지. 그러면서 나는 또 한 발 더 나아가게 돼." 친구의 대답이 놀랍기도 했지만 나를 부끄럽게도 만들었다.

나 또한 내 정보를 공유하기를 꺼렸기 때문이다. 그러나 이제는 가치가 있는 정보가 될 지는 모르겠지만 나만의 각종 정보나 자료들을 공유하는 것을 꺼리지 않게 되었다. 공유를 잘 하지 않았던 이유를 짚어보면 우선 힘들게 만든 것이고 나만의 것이라는 생각 때문이었다. 그것을 왜 남들과 공유해야 하는지 이유를 몰랐다. 이것은 회사 생활에서뿐만 아니라 어디서든 마찬가지인 것 같다.

지식은 공유하기 위한 것이다. 그런데 그것이 잘 안되니까 여러 가지 방법으로 공유를 꾀한다. 회사에서는 구성원 각자가 움켜쥔 지식이나 정보들을 끄집어내기 위해 제안 제도니 지식 경영이니 하면서 각종 포상과 연계한 노력을 기울이고 있다. 하지만 그러한 부분의 성공 사례는 많지가 않다. 현재의 조직 환경에 있어서도 '지식 경영'은 중요한 이슈이다. 그래서 임원의 역할이 중요하다. 지식 경영은 임원의 역량과 철학이 기본이 된다. 그렇다고 강제적으로 무엇을 할 수는 없다.

첫 번째는 제도를 만들어야 한다. 어떤 형태든 상관없다. 그 조직의 상황에서 정보를 가장 잘 공유할 수 있는 방법을 겨냥한 제도이면 된다. 제도를 만들어 회사 일을 하면서 나만의 것이라는 생각을 없애고, 우리 모두의 것이라는 생각을 갖도록 인식을 전환시켜야 한다.

두 번째는 노력이다. 내가 가진 것들을 펼쳐서 다른 사람들에게 보여줌으로써 내가 가진 것이 더 커질 수 있고, 그것을 통해 우리, 나아가 회사가 더 성장하고 발전할 수 있다는 것을 알려 주는 것이다. 정보 공유가 업무의 중복을 예방하고 효율성을 높일 수 있다는 사례를 보여 주는 것도 필요하다. 또한 다른 사람들도 움켜쥔 손을 펴고 함께 정보를 공유한다는 안도감을 느끼게 하는 것도 필요하다. 한편 정보를 공유하면서 자신의 정보에 대한 부끄러움이나 불안감도 없애 줘야 하는 것은 당연한 수순이다. 그렇게 해서 각자가 당당함을 가질 때 그 조직 또한 어느 조직과 견주더라도 당당할 수 있다. 이게 바로 경쟁력이다. 이러한 배경에서 임원은 명확하게 조직의 올바른 방향과 미래를 제시할 수 있을 것이다.

칼을 대서라도 움켜쥔 손을 펴게 하라는 것은 그만큼 절박하기 때문이다. 어떤 수단과 방법을 써서라도 지금 당장 펴게 하지 않으면 나중에는 움켜쥔 손이 굳어져 더 이상은 펼 수가 없게 될 수도 있다. 상상해 보라. 구성원 모두가 각자의 손을 움켜 쥐고 있다면 회사의 경쟁력이 있을 수 있겠는가. 조직의 진정한 경쟁력을 바란다면 지금 뿐만 아니라 나중에도 움켜쥔 손을 갖고 있는 구성원이 숨을 수 있는 자리는 아예 없애야 한다.

주먹을 꽉 쥔 손과는 악수를 할 수가 없다.

마하트마 간디 Mahatma Gandhi _ 인도 정신적 지도자

14강
—

뽑기 전에 의심하고,
뽑은 후에는 의심하지 않는다

채용하기 전에는 그 사람을 선택하기 전의 과정이기에 수백 가지의 질문을 하면 어떠랴. 하지만 그런 과정을 통해 채용을 확정했다면 어떤 경우든 의심하지 않아야 한다. 그게 신뢰이고 선택에 대한 책임을 다하는 것이다.

'뽑기 전에 의심하고, 뽑은 후에는 의심하지 않는다.' 이 말을 원칙으로 하여 신입사원 채용에서 소위 까다로운 전형을 진행했다. 그런 과정을 겪으면서 우리 회사는 면접이 까다로운 회사로 소문이 났다.

채용 절차의 첫 단계인 서류전형에서 제일 중요하게 보는 것은 자기소개서이다. 오타가 있거나 문장이 안 맞거나 띄어 쓰기가 틀렸거나 하면 우선 제외된다. 지원자의 '성의'를 채점 하는 것이다. 우리 회사에 간절히 입사하고 싶었다면 수도 없이 자기소개서를 읽어 보고 수정했을 것이고 그렇게 했다면 오타 등이 있을 리가 없다.

다음으로 형식적인 말과 진심을 찾아낸다. 이것은 어려운 부분이다. 이 일은 10년 이상의 경력이 있는 인사담당자가 진행한다. 이런 말을 다른 회사 사람들에게 얘기하면, '중소기업 인데, 지원하는 것만으로도 고마워해야 할 텐데, 그렇게 해서 사람을 뽑을 수나 있나 모르겠네'라며 고개를 흔든다. 그러나 우리 회사의 채용 기준에 적합한 인재가 없으면 뽑지 않는다. 아무리 지원자가 많지 않은 중소기업이라고 하지만 나름대로의 명확한 채용 기준이 없으면 안 된다고 생각하기 때문이다. 이런 기준 때문에 우리 회사는 IT업종이지만 이직이 거의 발생하지 않는 회사로 인정받고 있다.

이렇게 해서 서류전형을 통과한 지원자에 대해 면접을 진행한다. 면접 일정은 모두 지원자의 일정에 맞춘다. 저녁 시간이든 주말이든 면접관이 그 시간에 맞춘다. 그리고 지원자가 면접을

올 때 다른 준비사항은 전혀 없지만 단 한 가지, 면접 복장을 정장차림으로 오라고 한다. 정장을 갖춰 입은 모습만 보더라도 많은 평가를 할 수 있기 때문이다.

면접장에 들어서면 외견부터 본다. 그리고 면접을 시작한다. 긴장 때문에 지원자가 진면목을 못 보이게 되는 경우를 사전에 예방하기 위해 우선 아주 편안한 이야기로 긴장을 풀어 준다.

본격적인 면접은 자기소개부터 시작한다. 이때부터는 생각할 틈 없이 질문을 이어간다. 면접 중간에 쪽지 시험도 본다. 면접관은 보통 임원을 포함해 네 명이 들어간다. 면접관 또한 사전에 면접에 대한 교육을 받는다. 여유롭게 진행을 하지만 사실 면접관이 더 긴장한다. 끝없이 질문하고 평가하여 회사에 적합한 인재를 찾아야 하기 때문이다. 실체가 없는 피상적인 이야기를 걸러 내기 위해 지원자가 어떤 이야기를 했을 때는 반드시 그 근거를 제시하라고 한다.

제일 중점적으로 보는 부분은 의외로 어려운 것이 아니다. 복표가 있는지를 확인하는 것과 부모님 자랑을 해 보라는 것이다. 우리 회사는 기술 기반 회사지만 기술력보다는 태도나 마인드를 우선으로 삼기 때문이다. 기술 기반 회사에서는 기술력만을 우선으로 생각하고 모든 정책의 초점을 거기에다가 맞추는 경우가 많다. 그런데 진정한 전문가는 기술력과 휴머니즘을 동시에 지닌 자를 말한다. 그런 휴머니즘은 하루아침에 가질 수 없다. 그래서 입사할 때부터 휴머니즘을 확인하고 더 배양하도록 하는 것이다.

이렇게 해서 시간 제한 없이 면접을 진행한다. 면접이 끝날 때쯤 지원자에게 질문할 기회를 주고 궁금한 사항을 질문하게 한다. 그리고 합격자 발표 일정을 안내하고, 일정은 꼭 지킨다. 물론 불합격자에게도 통보는 꼭 한다. 여기까지는 여느 회사와 비슷할 것이다.

그 다음이 우리 회사만의 독특한 채용방식이다. 면접을 통해 입사 기준에 적합한 사람을 선별하여 합격을 통보하는 것이 최종합격 통보가 아니다. 한 번 더 회사로 불러서 회사에 대해 최대한 정보를 제공한다. 이번에는 지원자를 위한 시간을 마련하는 것이다. 그때는 오히려 지원자가 면접관이 되고 회사 담당자가 답변을 하게 된다. 회사를 잘 모르고 선택하는 오류를 사전에 없애기 위해서 이런 과정을 진행한다.

대부분의 지원자는 홈페이지나 신문기사 등 일부 공개된 정보만을 가지고 회사를 선택한다. 중소기업은 이조차도 제대로 공개되어 있지 않은 경우가 많다. 그런데 어떻게 그 회사에 입사하고 싶은 마음이 간절히 든단 말인가. 그래서 회사소개를 하기 위한 자리를 만들었다. 하게 될 일에서부터 연봉, 회사 분위기, 복리후생, 주요 제도, 그리고 회사의 비전과 가치관까지 정보 공개 차원에서 할 수 있는 만큼 제공한다.

그 이후 2~3일 고민할 시간을 준다. 물론 시간이 더 필요하다고 하면 더 기다린다. 그 기간 동안 부모님, 교수님, 선배 등과 상의해 보라고 한다. 여자 친구가 있으면 여자 친구와도 상의를 하라고 한다. 그런 과정을 거쳐 입사하겠다는 마음이 최종적으로 들면 회사에서 전화했을 때 '이 회사를 선택했다'고 말하라고 한다.

선택은 스스로 하는 것이다. 회사가 먼저 지원자를 선택했고, 지원자 또한 회사를 선택했을 때 한 가족이 되는 것이다. 회사는 지원자를 선택했기 때문에 그 책임을 다할 것이라고 먼저 약속

한다. 지원자 또한 스스로 회사를 선택했기 때문에 그 선택에 대한 책임을 다하게 된다. 서로 그 책임을 다했을 때 톱니바퀴 같은 관계가 될 수 있다. 이렇게 해서 입사하면 부모님, 교수님 등 주변 지인들의 전폭적인 지지도 뒤따른다.

이런 과정을 통해 입사한 직원에 대해서는 어떤 경우든 의심하지 않는다. '잘못 뽑은 것은 아닌가'라고 의심한 적도 없지만 그런 의심을 해서도 안 되는 것이다. 이것이 바로 '뽑기 전에 의심하고, 뽑은 후에는 의심하지 않는다'는 회사의 핵심가치가 되는 것이다.

나는 주위 사람들에게 여러 가지로 과분한 평을 듣는다.
특히 인재 기용을 잘한다는 말을 자주 듣는다.
내가 그런말을 들을 수 있는 이유는
직원들을 모두 나보다 훌륭하게 보기 때문이다.

마쓰시타 고노스케松下幸之助 _ 마쓰시타전기 창업자

15강

—

내 동생, 내 조카라고 생각하라

직원이 내 동생이고 내 조카라면 어떤 마음으로 대할 것인가. 잘 성장할 수 있도록 마음을 다해 조언도 하고, 호통도 치며, 격려도 할 것이다. 그러면 모죽毛竹[8]처럼 성장하는 모습을 보게 될 것이고 그 뿌듯함도 클 것이다.

나보다 어리거나 직급이 낮은 사람이 고민을 상담하러 왔을 때, 이런저런 내 의견을 말하고 마지막으로 한 마디를 덧붙인다. "내 친동생이라고 하더라도 나는 이렇게 얘기했을 거야." 물론 진심을 가득 담아서 그렇게 말한다.

8) 모죽毛竹: 중국이 원산지로 맹종죽이라고도 한다. 중국 삼국 시대에 효자 맹종이 눈 속에서 죽순을 얻어 어머니에게 드린 고사에서 맹종죽이라 불리게 되었다. 씨를 뿌린 후 5년 동안 싹이 나지 않다가 어느 날 죽순이 돋아 하루에 수십 센티미터씩 자라기도 한다.

외적인 여건이나 내적인 미성숙으로 인해 여러 가지 복잡한 선택의 순간이 닥쳤을 때 최선의 선택을 하기란 참으로 어려운 일이다. 나 또한 그러한 과정을 겪어 왔기에 잘 안다. 그럴 때 내 상황을 들어 주고, 의견을 말해 주는 사람이 있으면 좋겠다는 생각을 한다. 그런 사람이 있다면 그 자체만으로도 행복함을 느끼게 된다. 더구나 그 사람이 진심이 담긴 의견을 말해 준다면 얼마나 안심이 될까. 그런데 그 진심은 표현하기도 어렵고, 듣는 사람도 또한 잘 느끼기 어렵다. 그럴 때 표현하는 사람이 먼저 '내 동생이나 조카의 일'이라 생각하고 그 이야기를 듣고 의견을 표현한다면 전달이 쉬워진다. 그렇게 되면 서로 마음이 통하고, 의견을 듣는 사람에게도 도움이 될 것이다. 남의 일이 아니라 내 일이라고 생각하고 말하면 된다.

신입사원들이 여러 가지 선택의 과정을 거쳐 입사를 하기는 했는데, '이 회사를 선택한 것이 정말 잘한 선택일까'라고 약간은 두려운 마음을 보이는 경우가 있다. 그 때 나는 진심을 담아서 이렇게 이야기한다. "내 조카였어도 잘한 선택이라고 할 것이다." 이 말을 들으면 신입사원 얼굴에 안심하는 빛이 돈다.

모두 다 잘하면 조직의 구성원이 다 임원이 될 것이다. 하지만 조직원 전부가 임원은 아니지 않는가. 자신의 눈높이로 판단하고 최적화하려고 하지 마라. 그들은 아직 어리고 더 많은 경험을 기다리고 있는 시기에 있다. 임원들 또한 그러한 시기가 있었지 않은가. 우선 따뜻하게 기다려 주기도 하고 알려 주기도 해라. 내 동생이고, 내 조카라고 생각한다면 잘못된 행동이나 그릇된 판단을 하는데도 나 몰라라 하지 않을 것이다. 무관심보다 무서운 것은 없다. 꾸짖기도 하고 때로는 큰 호통을 치기도 해야 한다. 그만큼 관심이 있기 때문에 제대로 알려주는 것으로 이해시킨다. 그러면서도 힘들어 기대려고 할 때에는 기꺼이 어깨를 내주고 토닥거려줄 수 있는 관계가 되어야 한다.

우리 회사는 80퍼센트 이상이 엔지니어다. 대부분 프로그래머다. 그러다 보니 서로에게 큰 관심을 갖거나 다가가는 친절함은 잘 보이지 않는다. 그러한 것에 서툴다고 하는 것이 더 적합한 표현인 것 같다. 그런데 그렇다고 관계가 먼 것 같지도 않다. 그래서 팀장들부터 바뀌기를 바라는 마음으로 이런 부분을 개선하라고 미션을 부여해 보기도 했다. 그런 후에도 팀원들과 가까워지지 못하는 팀장에 대해서는 '동생인데도 그렇게 내버려 두겠는가. 혼낼 일이 있으면 혼내고, 칭찬할 일이 있으면 칭찬하고, 격려해야 할 일이 있으면 격려하라'고 하면서 관심을 가져 보라고 했다.

가만 보니 팀장들이 마음이 여려서 혼낼 일이 있어도 팀원들을 잘 혼내지 못했다. 또한 혼내는 방법을 모르기도 했다. 혼내는 것이 행여 나쁜 행동으로 비춰질까 걱정하고 있었다. 그렇게 할 수 있는 것이 바로 관심이라고 해도 이해를 못했다. 관심있게 지켜보면 잘 하고 있는지, 힘들어 하지는 않는지, 도와줄 것은 없는지 다 보이는데도 말이다.

회사에서는 주야장천 업무 이야기만 한다. 업무 이야기 말고도 할 이야기는 많다. 그런 부분들도 업무에 영향을 줄 수 있다. 평상시에 업무능력 향상에 대한 상담이나 조언을 하게 되는 경우는 많을 것이다. 여기에 인생의 선배로서 사적인 부분에 있어서도 충고나 상담을 하는 것 또한 임원의 중요한 역할이다. 그때 그 임원의 가치관이 여실히 드러난다. 그래서 임원의 가치관은 자신만의 가치관이 아니라고 하는 것이다. 임원이 직원의 마음을 움직이는 이야기를 했다면 오래도록 그 직원의 마음에 남아 있게 될 것이다. 그래서 임원의 역량은 그의 철학과도 직결된다고 할 수 있다.

현명한 부모는 자녀들을 교육할 때 '성장지도'를 그릴 수 있게 돕는다고 한다. 임원 또한 직원들이 '성장지도'를 그릴 수 있도록 돕는 사람이다. 직원에게 관심을 가지지 않고서는 그것을 도울 수가 없다. 일단 관심부터 가져 보기 바란다.

관심을 가지다 보면 소용돌이 속에 갇혀 허우적거리는 직원도 볼 수 있고, 너무 빨리 달려 나가는 직원도 볼 수 있다. 또한 돌부리에 넘어져 있는 직원도 볼 수 있고, 큰 바위로 길을 막는 직원도 볼 수 있을 것이다. 그런 것들을 두루 살피다 보면 그 임원은 '마음경영'을 실천하는 임원이 된다. '마음경영'은 큰 힘을 갖고 있다. 그것으로 회사는 모죽(毛竹)처럼 성장할 수 있을 것이다.

16강

마음이 콩밭에 가 있으면
그 많은 콩조차도 보지 못한다

마음이 콩밭에 가 있으면 그 많은 콩조차도 보지 못하고, 거기서 팥이나 또 다른 것을 생각한다. 결국 아무것에도 집중을 못 한다. 무서운 일이 아닐 수 없다. 회사에서는 회사 일만 생각하라. 그게 몰입이다.

어떤 일에 집중을 하지 못하고 다른 생각을 하는 모습을 보고 '마음이 콩밭에 가 있구나'라는 표현을 쓴다. 주어진 일에 신경을 쓰는 것이 아니라 전혀 다른 곳에 신경을 쓰는 것처럼 보일 때 이런 말을 한다.

학생 때 이런 이야기를 많이 들었을 것이다. '학생은 딴 생각하지 말고 공부에만 신경 쓰면 된다. 그게 부모에게 효도하는 것이다.' 이는 마음을 콩밭에 갖다 두지 말고 본인의 본분인 공부하는 데 두라는 의미이다. 그런데 이런 이야기를 하는 어른도 분명 본인한테 주어진 본분이 있는데, 그 본분에 충실하지 못하는 어른도 많다.

더 안타까운 것은 그것을 깨우쳐 주는 사람이 없다 보니까 본분에 충실하지 않음을 깨우치지 못한다는 것이다. 그러다 보니 어른들은 본인의 본분을 다 하지 않는 것에 대해서 크게 신경을 쓰지 않게 된다. 더군다나 별것이 아니라고 생각하게 될 가능성도 높다. 그런데 직급이 높으면 높을수록 그 본분을 다 이행하지 않음으로써 생기는 손실이 크다는 것을 알아야 한다. 특히 임원이 그 본분을 다 이행하지 않음으로써 생기는 손실은 그 어떤 것보다도 상당하다. 그래서 임원의 마음이 콩밭에 가 있으면 그 회사는 뒷산으로 방향을 틀어 올라갈지도 모르는 일이다.

임원으로 인한 손실을 임원 혼자만의 손실로 생각하는 용기 있는 임원은 없을 것이다. 임원으로 인한 손실은 조직 전체의 손실을 넘어서는 것이다. 그런데도 콩밭에 가 있는 마음으로 조직을 운영할 수 있겠는가. 더군다나 마음이 콩밭에 가 있으면 그 콩밭에서도 콩을 보는 것이 아니라 또 다른 것을 보고 있기 때문에 무서운 일이다. 결론적으로 말하면 아무것에도 집중을 못하는 것이다. 그러고서야 어떻게 임원이라고 할 수 있겠는가.

임원은 조직의 대표다. 나 혼자만의 몸과 마음이 아니다. 전체 조직원과 공유하는 몸과 마음이다. 그런데 그 몸과 마음을 함부로 콩밭에다가 둘 것인가. 자꾸만 콩밭을 왔다 갔다 하려면 회사를 위해서든 본인을 위해서든 오히려 콩밭에 눌러 앉는 것이 더 좋을 것이다. 임원에게 있어서 본분은 본분을 넘어서는 의무이다.

가끔씩 점심시간에 당구장에서 임원을 봤다는 얘기를 듣는다. 임원도 당구장에 갈 수 있다. 하지만 점심시간에 직원들 눈에 띄면서부터는 꼭 금기사항을 어긴 것 같은 좋지 않은 모습으로 비춰지게 된다. 그뿐만이 아니라 임원이 회사의 업무, 그 의무에 집중하지 않고 다른 데에서 외유하는 모습은 어떤 식으로든 별로 바람직하지 않은 모습이다. 이런 모습들은 또한 너무 쉽게 직원들의 눈에 띄고 회자되기도 한다.

콩밭에 가 있는 임원의 마음은 직원들에게 금방 들킨다. 들키지 않는 것이 중요한 것이 아니라 그런 일을 만들지 않는 것이 중요하다. 임원이면 그 역할에 충실해야 하는 것이 제일 큰 의무이다. 그것이 몰입이다. 그래야만 본분을 다하지 않는 자녀나 직원을 혼내고 본분을 지키게 할 수 있는 자격이 있을 것이다.

임원의 임무가 결코 종잇장처럼 가벼운 것이 아니라는 것을 생각한다면 콩밭에서 노닐어 회사에 큰 폐해를 끼치는 일은 없게 해야 할 것이다.

자신이 하는 일을 재미없이 하는
사람치고 성공하는 사람 못 봤다.

데일 카네기 Dale Carnegie _ 「카네기 인간관계론」 저자·강사

17강

—

가끔씩은 **하늘**을 쳐다본다

대부분의 임원들은 눈코 뜰 새 없이 바쁘다. 그렇게 바쁘다 보면 내 주변뿐만 아니라 내 업무조차도 제대로 보지 못할 수도 있다. 제대로 보려면 하늘을 한 번 쳐다보고 다시 보라. 너무 바쁜 임원은 눈코가 막힐 수도 있다.

신입사원 때 한 선배 사원이 우스갯소리로 상사의 유형을 네 가지로 분류하는 것을 들은 적이 있다. 그 네 가지는 '똘부, 똘게, 멍부, 멍게'이다. 똘부는 똘똘하면서 부지런한 상사, 똘게는 똘똘하지만 게으른 상사, 멍부는 멍청한데다 부지런한 상사, 멍게는 멍청한데다 게으른 상사이다. 스스로는 본인이 어떤 유형인지 잘 모른다. 평가는 부하직원들이 하는 것이기 때문이다.

개인적인 생각으로는 '똘게'가 리더의 모습이어야 한다고 생각한다. 그 외에는 리더라고 하기에는 다소 부족함이 있다. 특히 '멍부'는 부하직원들을 비생산적인 일로 아주 피곤하게 한다. 상사가 무턱대고 저질러 놓은 일을 수습해야 할 뿐만 아니라 전혀 합리적이지 않은 결정을 부하직원들은 상사의 의사결정이라는 이유만으로 따르다가 낭패를 보는 경우가 생긴다. 그 상사로 인해 회사를 그만두고 싶은 부하직원이 생길 수도 있는 일이다.

여기서 어떤 유형이 좋고 나쁜가를 말하려고 하는 것은 아니다. 단지 '똑부'에 대해서 말하고자 한다. 임원들 중에 '똑부'가 많기 때문이다. 더구나 '똑부'가 가장 바람직한 모습이라고 생각하고 본인의 그 모습에 우쭐대는 임원이 있기 때문이다. 상사가 업무에 대해서도 뛰어나게 잘 알고, 거기다가 부지런하여 늘 바쁘게 움직인다면 완벽해 보일 수도 있다. 그런데 그것은 잠깐은 멋진 모습처럼 보일 수는 있지만 조직 또는 조직구성원의 장기적인 성장 측면에서 보자면 결코 바람직한 모습이 아니다. 즉 그는 전략적 사고를 하지 않을 가능성이 높은 임원이다.

전략적 사고라는 것은 중요한 일과 중요하지 않은 일, 긴급한 일과 긴급하지 않은 일을 잘 분류하여 긴급하지 않거나 중요하지 않은 일들을 축소하거나 위임하는 판단력을 말한다. '똘부'는 이러한 전략적 사고에 약한 치명적인 단점을 가지고 있을 가능성이 높다. 아니면 사람을 믿지 못하는 유형일 수도 있다. 그러면 위험하기까지 하다. 왜 본인이 다 하려고 하는가. 그러다 보니 바쁠 수밖에 없다. 나 아니면 안 된다고 생각하기 때문이다. 조직에서는 전략적 사고가 반드시 필요하다. 축소하고 위임할 일이 없을 수는 없다. 그것을 분류하는 것 자체가 복잡하고 힘들기 때문에 그냥 스스로 해 버리고 만다. 축소 위임한 일을 부하직원이 잘 못하더라도 시간을 두고 지도하면 분명 잘 할 수 있을 텐데, 기다리지 못하고 시간적 투자를 못하는 것이다. 결국은 본인이 혼자 다하는 '똘부'가 된다.

팀장까지는 '똘부'가 되더라도 봐 줄만 하다. 그런데 임원이 '똘부'인 경우는 봐 줄 수 있는 일이 아니다. 그렇게 되면 조직이 제 방향을 못 찾을 수 있기 때문이다. '똘부'가 어떻게 회사 전체를 두루두루 살피는 역할을 하겠는가.

내가 아는 한 사람은 매일 노는 것 같다. 그 사람의 사무실에 가 봐도 여유 있어 보인다. 부하직원들이 일을 다 한다고 한다.

그렇다면 그 사람의 역할은 노는 것일까. 절대 아니다. 집중해야 할 때는 집중적으로 사업을 구상하고 전략을 수립한다. 즉 돋보기를 들이댈 곳에만 들이댄다. 그런 시간 외에는 여유롭게 직원들에게 다가간다. 그러면서 방향만 잘 잡아준다. 스스로 할 수 있는 습관이 만들어지도록 지원한다. 그 여유로움 속에서 회사의 또 다른 성장을 위한 고민을 한다. 여유를 갖고 고민하면 훨씬 빠르게 방향을 잡는다. 바쁜 가운데에서는 전략을 구상하기가 어렵지 않은가. 시험 전날 소위 '벼락치기'로 공부하면 마음이 급해 공부가 잘 안 되는 것을 경험한 적이 있을 것이다. 평상시 여유롭게 예습 복습을 했던 학생은 시험 전날도 여유가 있을 뿐 아니라 시험에 나올 중요한 문제부터 골라내고 그것부터 공부한다.

시계는 밤낮 없이 똑딱거리면서 시계바늘을 움직이지만 임원은 시계가 아니라 사람이다. 쉴 새 없이 달리는 임원을 원하는 구성원은 아무도 없다. 하루 종일 하늘 한 번 쳐다볼 여유 없이 일을 한다면 그것은 열심히 하는 것도 아니고, 일이 많은 것도 아니다. 단지 전략적으로 일을 못하는 것뿐이다.

현황판을 만들어 보다. 그렇게 바쁘게 안 움직이더라도 다 볼 수 있다. 또한 한 발 물러서서 보는 여유도 생길 것이다. 그러면 저절로 중요사항을 체크하는 일에 더 신경을 쓸 수 있게 되고 당연히 축소할 것과 버릴 것이 보이게 된다. 임원은 전체적인 방향을 알려주는 역할을 하는 것이다. 밥을 떠 먹여 주는 역할을 하는 것이 아니다. 밥을 먹어야 하는 이유를 알려주는 것이 그의 역할이다.

사람은 때때로 멈출 필요가 있다.
이를 통해 인생의 부유물들을
가라앉게 할 수 있기 때문이다.

세바스찬 베텔 Sebastian Vettel _ 미국 카레이서

18강
—
고객과 **어깨동무**를 하라

　고객의 중요성은 아무리 강조해도 지나치지 않다. 그렇다고 막연히 고객을 위하는 것보다는 고객과 어깨동무를 한다면 고객이 바라는 부분과 고객이 기뻐하는 부분 등 그 감정을 그대로 느낄 수 있다. 바로 그것에 주파수를 맞춰 보길.

　고객은 반응이 빠르다. 그 빠른 반응에 맞게 늘 준비해야 한다. 그런데 이상하게도 좋은 모습을 보았을 때는 상대적으로 고객의 반응이 늦는 대신 안 좋은 모습을 보았을 때는 반응이 번개처럼 빠르다. 그리고 안 좋은 모습으로 인해 불만까지 생겼다면 고객의 반응은 아주 오래 간다. 그것을 바꾸기 위해서는 엄청난 노력이 요구된다. 그래서 처음부터 좋은 모습을 보여 고객의 좋은 반응을 얻는 것이 중요하다. 이미 다 아는 내용이다. 그런데 그게 쉽지 않다. 이렇든 저렇든 간에 고객에게는 정성을 기울여야 마음을 얻을 수 있다는 것을 강조하는 것이다.

우리 회사 또한 '고객만족'에 대해 그야말로 귀가 따갑도록 말한다. 우리 회사는 아예 '서비스 회사'로 선언했다. 어느 회사든 '고객'을 중요하게 생각하지 않는 회사는 없다. 우리는 여기서 한 발 더 나아가기 위해서 아예 회사의 정체성을 바꾼 것이다. 물론 사업 내용에서도 서비스가 차지하는 비중을 키웠다. 그런데 말만 '서비스 회사'라고 하고, 그에 맞는 체질로 전환하지 않는다면 그것은 겉치레에 불과하다. 그래서 제일 먼저 교육부터 진행했다.

지금도 분기에 한 번씩은 무엇이 고객만족인지 개념부터 잡고 'CSCustomer Satisfaction 마인드 교육'을 진행한다. 정기 교육 외에도 수시로 교육을 진행한다. 신입사원 입문 교육에서도 4~5시간을 할당한다. 그렇게 하는데도 가장 기본적인 전화 받는 것조차 잘 안 되는 경우가 많다. 그렇다고 실망할 필요는 없다. 고객의 중요성을 깨우치는 데는 당연히 시간이 걸린다. 또한 만족할 수준을 정하기도 어렵다. 만약 그 수준을 정한다면 마음속에서 고객을 위하는 마인드가 자리 잡을 때쯤으로 정하면 될 것이다.

CS 마인드 교육을 진행할 때 한 강사가 이런 말을 했던 기억이 난다. '고객은 외국인이다.' 그렇다. 고객이 다 알 것이라고 생각하면 오산이다. 외국인이 타국에 와서 모든 것이 서툴고 두렵고 어색한 것처럼 고객도 그렇다. 그것을 생각하면 사실 고객을 만족시키는 방법은 의외로 간단하다. 즉 고객에게 뭔가 큰 것을 제공해야 만족하는 것이 아니라 사소한 것에서부터 진심 어린 서비스를 제공한다면 그 때 고객은 만족을 얻을 것이다.

한편 아무리 많은 것을 제공해도 소용없을 때가 있다. 이럴 때는 고객이 진정으로 원하는 것을 찾아서 제공하는 것이 중요하다. 그런데 고객이 진정으로 원하는 것이 무엇인지를 알기는 쉽지 않다. 그렇지만 고객과 동일한 위치에 서보면 좀 더 쉽게 알수 있다. 그것이 바로 어깨동무다.

어깨동무는 함께 하는 것이고, 고객과 함께 앞으로 나아가는 것이다. 고객과 함께 성장한다는 뜻이다. 어깨동무를 하면 저절로 역지사지易地思之의 마음이 생긴다. 상대방의 힘이 센지 약한

지도 알 수 있고, 어디가 불편한지도 알 수 있다. 걸음이 빠른지 느린지도 알 수 있고, 어디를 쳐다보는지도 알 수 있다. 그리고 아주 가까이서 체온을 느끼며 대화할 수도 있다. 그렇게 되면 자연스럽게 고객에게 주파수를 맞추게 되는 것이다.

아침에 일어나서부터 잠자리에 들 때까지 쉴 새 없이 듣거나 보게 되는 것들 중 하나가 바로 '고객만족'과 관련된 것이다. 아무리 강조해도 지나치지 않기 때문에 그럴 수도 있고, 반면에 그렇게 강조하는데도 잘 안 되니까 끊임없이 접하게 되는 것일 수도 있다. 우리 사회에 '고객'의 소중함을 강조하지 않는 곳은 그 어디에도 없다.

'고객감동'에 이어 '고객졸도'라는 말까지 나오고 있지만 고객으로서 받은 서비스를 통해 기분 좋은 느낌을 받는 경우가 썩 많지는 않을 것이다. 끝없이 교육하고, 연습하고, 되새기는 수밖에 없다. 세뇌를 시켜서라도 고객을 위하는 마음을 가슴 깊숙이 자리 잡게 해야 한다. 그래야만이 말이나 구호로만 하는 고객만족에서 벗어 날 수 있다.

우리 회사에는 고객만족을 위해 시행하는 특별한 제도가 있다. 먼저 고객서비스팀이 있다. 고객서비스팀은 내부 직원에 대해 기술지원을 하는 등 서비스를 하기도 하고, 고객사인 증권사의 직원 및 증권사의 고객들을 대상으로도 교육 및 기술서비스를 진행한다. 고객서비스팀의 고객이 많은 셈이다. CS 마인드가 중요한 팀인 만큼 그 사명을 다하라고 그렇게 명칭부터 바꿨다. 또 하나 QA(Quality Assurance)팀을 운영한다. 이 또한 고객과 관련이 있는 팀이다. 고객사에 공급하는 우리 솔루션에 대해 품질 검사를 하는 것이다. 자체 QA프로그램을 통해 프로그램의 오류를 찾아내어 고객사에 질 좋은 프로그램을 공급하기 위해 시행하고 있다. 한 가지 덧붙이면, CS를 남달리 실천함으로써 다른 직원에게 귀감이 되는 직원에 대해 포상하는 제도도 운영하고 있다.

말로만 하는 '고객만족'에 머무르지 않기 위해 실제로 이러한 제도를 만들고 실천하고 있다. 그렇다고 이것만으로 결코 자랑거리가 될 수는 없다. 고객을 위하는 데는 좀 더 잘하고 못하고가 없기 때문이다. 늘 잘해야 한다. 다음번 CS 마인드 교육 때도 우리는 한 소리로 외치고 시작할 것이다.

고객에게 더 가까이 다가가라.
너무 가까워서 고객 스스로가 알아채기도 전에
그들이 필요로 하는 것을 미리 말해줄 만큼.

스티브 잡스 Steve Jobs _ 애플 창업자

19강

직원을 주인공으로 인정하라

누구나가 주인공이 되면 기분이 좋다. 그런데 스스로 주인공이라고 하기는 쉽지 않다. 먼저 주인공으로 인정하고 그렇게 표현하라. 주인공으로 인정받은 직원은 회사를 자신의 회사로 생각한다. 그것만큼 큰 동기부여가 어디에 또 있겠는가.

어떤 모임에서든 내가 주체이고, 내가 주선한 모임이면 나의 행동은 자연스럽다. 더 좋은 행사가 되도록 하기 위해 이것저것 체크하고, 나서서 손님들도 맞이한다. 그런데 내가 초청된 사람일 때는 행동이 어색해 지고 그 자리가 약간은 불편해 지기도 한다.

바로 내가 주인공이냐 아니냐의 차이이다. 그런데 주인공이냐 아니냐는 내가 스스로 그렇게 생각할 수도 있지만 누가 정해 주는 것일 수도 있다. 조금 소극적인 사람은 누군가가 정해주기를 바란다. 즉 행사에서 또 다른 주인공이 당신에게 주인공이 되어 주기를 요청하고 여러 가지를 챙겨 주기를 부탁한다면 당신의 마음은 한결 가벼워지고, 편안하게 이곳저곳을 다니면서 당신이 해야 할 일들을 찾을 것이다.

우리 회사의 신입사원 입문교육에서 강조하는 큰 주제 하나가 바로 '주인공이 된다'이다. 이미 갖추어진 회사에 기존 구성원들은 이미 주인공으로 자리 잡고 있는데, 나는 꼭 늦게 도착한 사람처럼 엉거주춤 한발 들여놓는다는 생각을 갖지 않도록 하기 위한 것이다. 먼저 신입사원이 그런 마음을 갖지 않도록 주인공으로서의 역할을 알려준다. 그리고 다른 직원들이 신입사원을 주인공으로 인정해 주는 것이다. 후자가 더 쉬워야 하는데, 훨씬 어려운 부분이다. 왜냐하면 기존 직원이 주인공이 아니면 다른 사람을 주인공으로 인정할 수가 없기 때문이다. 예를 들어 나도 손님이고 친구도 손님인데, 주인공 이냥 그 역할을 할 수 없고, 친구한테 주인공의 역할을 권유하지 못하는 것과 마찬가지이다.

회사에서는 임원이 조직의 주인공을 인정해 주는 주체가 된다. 임원이 팀장을 주인공으로 인정해 주고, 주인공이라는 것을 선언하면 그 팀장은 행동이 자유로워질 뿐만 아니라 또 다른 주인공이 될 사람을 찾게 된다. 그 대상이 바로 팀원이다. 팀원까지 주인공이 되면 그 다음 신입사원 등은 당연히 주인공이 되어 회사생활을 시작하게 된다. 조직에서 어떤 형태든 주인공이 된다면, 주인공이라고 느낀다면 누구보다도 본인 스스로 기분이 좋을 것이다. 두 발을 다 내딛는 것과 한 발만 내딛는 것은 차이가 많다. 한 발을 내딛는 것은 불안정해 보일 뿐만 아니라 언제든 다시 한 발을 뒤로 빼낼 수도 있다. 그런 마음으로는 업무나 팀워크에 몰입할 수 없다. 그렇다면 주인공이 되도록 하기 위한 방법에는 어떤 것이 있을까. 먼저 있는 그대로 그 직원을 인정하는 것이다. 더도 말고 덜도 말고 있는 그대로, 바로 조직의 한 구성원으로 인정함을 의미한다. 인정한다는 것은 소중하게 생각하고 아끼는 것이다. 그 다음으로 인정하고 있음을 표현해야 한다. 특히 회사라는 조직에서는 표현하지 않으면 잘 모르는 경우가 많다. 특히 엔지니어들이 많은 조직 구조라면 표현이 아주 중요한 요소이다. 이런 조직일수록 업무적 소통보다는 정서적 소통에 더 신경을 써야 한다.

'말하지 않아도 알아요'라는 광고 카피가 있다. 그건 광고 카피에서나 가능한 것이다. 조직에서는 말하지 않아도 알 수 있는 경우는 거의 없다고 해도 과언이 아니다. 만약 그런 경우가 있다면 그것은 어느 한쪽이 상대방을 많이 존경하거나 사랑하는 경우일 것이다. 적극적인 표현을 통해 인정하면 주인공이 된 사람은 눈빛부터 달라진다.

이처럼 주인공이 되도록 하기 위해서는 끊임없는 노력이 요구된다. 그것이 교육이기도 하다. 교육이 사람을 키우고 사람이 기업을 성장시킨다. 우리 회사는 사내 강사제를 운영한다. 특별한 지식이나 정보가 있는 직원이 다른 직원과 공유를 원하여 교육을 진행할 경우 강사료를 지급한다. 이것은 두 마리를 넘어서 세 마리 토끼를 잡는 것이다. 강사가 되기 위해 노력하는 직원들의 모습을 볼 수 있고, 강사가 됨으로써 각종 프레젠테이션 능력을 키우고, 또한 학습을 통해 교육생들의 기술 수준 등이 향상되기 때문이다.

한편 주인공이 되었다는 것을 확인할 수 있는 가장 쉬운 방법은 '사내 채용추천제'이다. 채용추천제는 내가 잘 아는 사람을 대상으로 내가 다니는 회사에 입사하기를 권유·추천하는 제도이다. 내가 속해 있는 회사에서 주인공이 아니면 내가 아끼는 사람을 회사에 입사하도록 추천하는 일은 없을 것이다. 바꿔 말하면 내가 회사에서 주인공이기 때문에 추천하는 것이다. 사실 쉬운 일이 아니다. 중매를 서는 것과 마찬가지로 사람을 추천하는 일, 회사를 추천하는 일은 신중함이 요구되는 일이다. 그 외에도 회사와 함께 기부에 참여하게 한다든가, 멘토·멘티제를 운영한다든가, 마음을 담은 편지를 써서 전달한다든가 하는 다양한 방법이 있을 것이다. 회사에서의 주인공은 어느 조직에서도 주인공이 될 것이며, 그의 인생에 있어서도 주인공으로 살 것이다.

20강

—

가슴에 긍정적 오기를 심어라

부정적 오기가 나만을 위한 오기라면 긍정적 오기는 우리의 에너지를 일으키는 오기이다. 긍정적 오기의 가장 큰 장애물은 본인이다. 바로 낙담이다. 낙담을 멀리하려면 그 심장 안에 긍정적 오기를 심어라. 결코 시들지 않을 것이다.

100미터 달리기 하면 '우사인 볼트'가 떠오른다. '세계에서 가장 빠른 사나이, 인간탄환, 총알 사나이 등' 여러 가지 수식어가 따라 다닌다. 그런 수식어 못지않게 사람들이 그를 기억하고 그에게 환호하는 것은 웃음을 유발하는 그의 독특한 퍼포먼스 때문일 것이다. 그의 퍼포먼스는 늘 그를 지켜보는 모든 사람들을 웃게 한다. 모든 에너지를 쥐어짜내서 더 이상 그 어떤 에너지도 남아 있지 않을 것 같은 골인 지점에서 힘든 기색 없이 전 세계인을 웃게 만드는 퍼포먼스를 보일 수 있다는 것은 가히 상상하기 어려운 일이다.

나는 '2011 대구세계육상선수권대회'에서 우사인 볼트를 보면서 또 한 사람의 선수가 생각났다. 바로 칼 루이스다. 그는 1990년대에 100미터 달리기를 주름잡던 선수이다. 그 또한 우사인 볼트에 뒤지지 않을 정도로 유명세를 탔고, 인기 또한 많았던 선수이다. 그에게는 특별한 것이 있었기 때문이다. 다름 아닌 100미터를 전력 질주하는 극한상황에서도 카메라에 웃는 얼굴이 잡혔던 것이다. 즉 '웃는 얼굴로 달린다'는 것이었다. 그 당시에 이러한 얘기를 들었을 때는 사실 감동을 느끼지는 못했다. 그런데 이번 대회에서 우사인 볼트를 보면서 칼 루이스를 다시 생각하게 되었다. 그의 그러한 긍정적인 힘 때문에 자신의 세계기록을 꾸준히 경신하고 늘 우승을 차지할 수 있었던 것이 아닐까 하는 생각이 들었다. 같은 맥락에서 우사인 볼트 또한 긍정의 에너지를 가득 채우고 뛰기 때문에 골인 후 바로 긍정의 에너지를 퍼포먼스로 발산하는 것이 아닐까. 바로 그 긍정의 에너지가 주위 사람들에게 전해져서 그것을 보고 있는 사람 모두가 행복해지는 것이다.

그런데 과연 그들에게 긍정의 힘만 있었을까. 그들이 마음속에 가졌을 또 한 가지는 '오기'이다. 자신과의 싸움, 기록과의 싸움, 경쟁자와의 싸움, 관중들과의 싸움, 체력과의 싸움, 긴장감과의 싸움에서 이겨내야 하는 마음속의 송곳 같은 오기이다. 경기에 임하는 모든 선수가 그런 오기를 갖고 있을 것이다. 그런데 그 오기가 부정적 오기인가 긍정적 오기인가의 차이가 있는 것이다.

예를 들어 달리고 있는 사람의 뒤에서 누군가가 권총을 겨누고 쫓아오고 총알을 피하기 위해 전속력으로 달린다고 할 때 그를 달리게 하는 힘은 부정적 오기라고 할 수 있다. 총알을 맞지 않기 위해, 절망적인 상황을 벗어나기 위해 이를 악무는 오기이기 때문이다. 반대로 골인 지점에 우승을 축하하는 많은 관중들이 함께 먹을 수 있는 엄청난 크기의 케이크가 기다리고 있다고 상상하면서 웃는 얼굴로 뛰는 힘은 긍정적 오기이다. 반드시 우승해서 많은 관중과 함께 케이크를 먹으면서 그 기쁨을 나누겠다고 하는 마음이 긍정적 오기로 나타나는 것이다.

긍정불패肯定不敗. 한때 아내가 여러 가지 어려운 일로 낙담하고 있을 때가 있었다. 그 때 집안 곳곳에, 그것도 눈에 잘 띄는 부엌이나 거실, 책상 앞 등에 긍정불패라는 글씨를 써서 붙였다. 단순히 흰 종이 위에 써진 문구 하나일 뿐인데도 우선 집안 분위기가 달라졌다. 그리고 여러 가지 긍정의 대화를 많이 하게 되었고, 집을 방문한 사람들이 돌아가서 똑같이 붙여야겠다고 하는 경우도 많았다. 그런 과정에서 나와 아내는 긍정의 에너지를 많이 받았고, 다른 사람들도 긍정의 에너지를 많이 전해 받았다고 했다. 그 긍정의 에너지가 계속 전해져서 얼마나 큰 긍정의 에너지를 만들었는지는 가늠하기 어렵다.

회사에서 긍정의 에너지를 가장 쉽고도 강하게 일으킬 수 있는 사람이 임원이다. 누구나가 긍정의 에너지의 출발점이 될 수 있지만, 임원이 출발점이 된다면 그 강도는 더 클 것이다. 반대로 임원이 낙담한다면 모두가 낙담한다고 생각해야 한다. 그렇다면 '낙담落膽'이라는 단어 그 자체를 지우는 것이 더 좋을 것이다. 임원은 단순히 긍정적 오기를 가지는 것만이 아니라 그것을 심장에 심어야 한다. 심장에 심는다는 것은 쉽고 시들지 않게 한다는 의미뿐만 아니라 성장 또한 뒤따르는 것을 의미한다. 이처럼 임원에게 긍정적인 오기는 업무나 조직 관리 등 회사 생활의 모든 부분에 있어서 반드시 필요한 것이다.

목표에 도달하는 데에 있어서 엘리베이터는 없다. 엘리베이터가 없다면 어떻게 목표를 향해 올라갈 것인가. 바로 '긍정적 오기'가 있으면 된다. 그 긍정적 오기를 갖고 한 계단씩 올라가면 된다. 고통을 요구하는 계단, 리더십이 필요한 계단, 따뜻한 인간미가 있어야 오를 수 있는 계단, 사리분별력을 요구하는 계단, 전략적 사고가 절실한 계단 등을 성실히 올라가야 한다.

최근에는 '긍정적 조직문화 만들기'라는 교육 프로그램이 많이 생겼다. 긍정이 조직에 미치는 영향이 크기 때문이다. 그것이 지속 가능한 성장과 진정한 조직 변화를 완수하는 데에 기여한다는 전제가 확인된 것이다. 긍정적 오기를 가진 당신, 오늘은 스스로에게 큰 상을 주기 바란다. 긍정의 에너지가 사무실을 가득 채우고도 남을 것이다.

에필로그

나는 대한민국 최고의 임원이다

미국 클린턴 전 대통령 부부의 유명한 일화가 있다. 클린턴 전 대통령 부부가 주유소에 갔다가 우연히 힐러리 여사의 옛 남자친구를 만나게 된 것이다. 그 때 클린턴 전 대통령이 우쭐대면서 '당신이 만약 저 남자와 결혼했으면 지금 주유소 사장 부인이 돼 있겠지?'라고 했다. 그러자 힐러리 여사가 '아니, 바로 저 남자가 미국 대통령이 되어 있을 거야'라고 하면서 그 말을 맞받아 비웃었단다.

힐러리 여사의 말은 '내가 당신을 대통령으로 만든 것이다'라는 말이다. 즉 힐러리의 의지에 의해서 클린턴이 대통령이 되었다는 뜻이다. 목표를 이루는 데 있어서 '남의 의지'가 아니라 '나의 의지'가 중요하다. '나의 의지'로부터 '나는 대한민국 최고의 임원이다'라고 그렇게 생각하면 나는 바로 대한민국 최고의 임원이 되는 것이다. 내가 그렇게 생각하지 않는다면 주위의 누군가가 인정하더라도 그것은 아닌 것이다.

원효대사의 일화도 마음가짐의 중요성을 전한다. 원효대사가 해골바가지에 든 물을 마시고 큰 깨달음을 얻으면서 했던 말이 '일체유심조 일체무애인一切唯心造 一切無碍人'이라는 말이다. 이 말의 뜻은 '모든 것은 마음먹기에 달렸으며, 사람이 하는 일에는 장애가 없다'이다.

나 또한 이 말을 좌우명처럼 여기고 있다. 이 역시 '나의 의지'를 강조한 말이다. 임원들은 특별히 이 말을 가슴에 새겨야 할 것이다. 중소기업의 임원이라면 더더욱 강하게 새길 필요가 있다. 임원은 임무가 막중하다. 거기다가 먼 길을 가야 한다. 그런데 이러한 의지 없이 출발한다면 몇 발짝도 못 가서 지칠 수도 있다. 그가 지치면 구성원 모두가 지치게 된다. 방향을 제시해야 할 임원이 비틀거린다면 구성원들이 우왕좌왕하는 것은 불 보듯 뻔한 일이기 때문이다.

정한 목표를 향해 가는 여정이 아무리 힘들더라도 멋진 여정이 되도록 하기 위해서는 원효대사와 같은 깨달음이 있으면 된다. 이러한 깨달음에는 스스로를 위대하게 생각하는 마음도 포함하면 더 좋겠다. 내가 생각하는 만큼 위대해질 것이고, 또 자랑스러워질 것이다.

성경에 '네가 큰일을 행하겠고 반드시 승리를 얻으리라'(사무엘상 26:25)라는 구절이 나온다. 임원은 바로 이런 큰일을 행하는 자리에 앉았기 때문에 그 선택에 책임을 다해야 한다. 그리고 그것을 통해 반드시 승리도 얻어야 할 것이다. 승리라는 것은 설정한 목표를 달성하고, 또 다른 목표를 설정하고 또 달성해 나가는 과정이다. 이런 과정 속에서 제대로 된 승리는 무엇보다 '함께' 느끼는 것이 되어야 한다는 것이다. 임원은 '나만의 나'가 아니다. 그에 속한 모든 조직 구성원을 대표하는 사람이 임원이다. 대표자이기 때문에 그의 의지가 구성원 전체의 의지를 만들고, 결집하게 하는 것이다.

한편 『주역』에는 '일중견두(日中見斗)'라는 말이 있다. 임원은 이 말의 뜻처럼 한낮에도 북극성을 볼 수 있어야 한다. 밤에는 누구나가 북극성을 볼 수 있다. 하지만 한낮에 북극성을 보는 일은 가능한 일일까? 물론 한낮에 북극성을 볼 수는 없다. 그렇지만 한낮에도 북극성을 볼 수 있다는 의지를 가지라는 뜻이다. 즉 북극성은 내 마음 속에 있기 때문이다.

한낮에 북극성을 볼 수 있다는 마음만 있다면 못 할 것이 없다. 실적을 쌓는 영업 성과뿐만 아니라 조직 구성원의 마음을 움직이는 조직관리도 마음먹은 대로 이루어낼 수 있다. 이러한 열정과 관심만 뒷받침된다면 조직 구성원뿐만 아니라 고객까지도 함께 어깨동무하고 나아가는 길을 걷게 될 것이다. 그 길이 비록 더딘 길일 수도 있지만 참된 임원으로 거듭나는 여정이라는 데는 의심의 여지가 없을 것이다.

참된 임원으로 거듭나는 것은 그 임원에게만 해당되는 것이 아니며 그것으로 끝도 아니다. 분명 그 뒤를 따르는 자에게도 영향을 미친다. 백범 김구 선생이 '눈 덮인 들판을 걸어갈 때 발걸음 하나라도 어지럽히지 마라. 오늘 내가 가는 이 길은 뒷사람의 이정표가 될 것이므로'라고 서산대사의 시를 즐겨 인용하지 않았던가.

눈길을 걸어본 사람은 안다. 누군가의 먼저 걸어간 발자국을 따라서 걷는다는 것은 앞서 간 사람이 목표지점을 향해 제대로 걸어갔을 것이라고 믿는 것이다. 구성원들은 먼저 걸어간 임원의 발걸음을 믿고 따라 걷는다. 그 믿음으로 한곳에서 만나게 되길 바라기 때문이다. 임원의 현재 모습이 바로 직원의 미래의 모습이 된다.

세상은 내가 행복해지고 싶은 만큼 행복하다. 내가 최고라고 생각하는 만큼 나는 최고의 임원이다. 스스로를 한정 짓지 마라. 모든 것은 마음먹기에 달렸다. 그 마음을 크고 넓게 가져 보길 바란다. 크게 외쳐보자.

'나는 대한민국 최고의 임원이다'

제5의 탄생
대한민국
최고의 임원으로

개정판 3쇄 발행　　　　　2023년 12월 12일

지은이 이문태
펴낸이 변성진
펴낸곳 도서출판 위
편집 · 디자인 홍성주
주소 경기도 파주시 광인사길 115
전화 031-955-5117~8

ISBN 979-11-86861-30-1 03320